AF231325

Le retour du peuple
De la classe ouvrière au précariat

DE LA MÊME AUTEURE

Alter égaux : invitation au féminisme, Robert Laffont, 2001

Les droits des femmes : l'inégalité en questions, Milan, 2003

Salauds de jeunes, en collaboration avec Mikaël Garnier-Lavalley, Robert Laffont, 2006

Les machos expliqués à mon frère, Seuil, 2008

Transformer à gauche, Seuil, 2009

Un beau jour… Combattre le viol, Indigène, 2011

CONTRIBUTIONS

Banlieues, lendemains de révolte (direction d'ouvrage), Regards/La Dispute, 2006

Postcapitalisme : imaginer l'après (direction d'ouvrage), Au diable Vauvert, 2009

Un troussage de domestique, Syllepse, 2011

Clémentine Autain

Le retour du peuple

De la classe ouvrière au précariat

Stock

Parti pris

Ouvrage dirigé par
François Azouvi

Couverture Claire de Torcy
Photo de bande : © Joël Saget/AFP

ISBN 978-2-234-07185-8

© Éditions Stock, 2012

AVANT-PROPOS

On redécouvre la lune. Le peuple est en froid avec la politique instituée. Les livres, les tribunes, les attentions à l'approche de la présidentielle se tournent vers les catégories populaires dont le suffrage est recherché. Il y a pourtant plus de vingt ans que celles-ci ont décroché, qu'elles ne sont plus portées à gauche par une espérance et qu'une part significative d'entre elles se réfugie progressivement dans l'abstention et le vote FN. En 2002, les ingrédients qui nourrissent l'inquiétude sur un peuple délaissé et maltraité étaient déjà présents. Qu'avons-nous fait en dix ans ?

« Le peuple » avait disparu de notre vocabulaire. Même à gauche, la référence ne faisait plus recette.

Le peuple morcelé, atomisé, avait quitté l'imaginaire collectif. En des temps marqués par l'atonie des idéaux et la baisse de la conflictualité politique, on lui préférait « l'opinion », « les gens », « l'électorat ». Un certain scepticisme planait, et continue de planer pour une part, sur la notion jugée trop vague, démagogique, ringarde. Et voilà que le peuple fait son retour. Dans le débat public, dans les discours politiques, la référence n'est plus boudée.

À la bonne heure… Car, sans mobilisation populaire, la transformation sociale et écologique, substantielle et durable, ne peut advenir. Le progrès humain pour la société tout entière ne peut se réaliser qu'à la condition que les catégories opprimées et dominées trouvent la dignité et la voix qui leur font pour l'instant défaut. Notre pays, celui de la Révolution française, en sait quelque chose : les moments de bascule, de conquêtes sociales significatives, de ruptures avec l'ordre existant coïncident avec l'irruption d'un peuple fédéré sur la scène sociale et politique.

Depuis plus de vingt ans, au lieu de prendre à bras-le-corps cette question, on a continué à mépriser le peuple. Les politiques néolibérales ont démantelé les protections sociales et dégradé les conditions de vie du plus grand nombre. La droite au pouvoir a mené à bien son travail de sape. Elle a de surcroît entrepris une œuvre idéologique de culpabilisation des pauvres. À gauche, certains ont semblé faire une croix sur le peuple, comme s'il était finalement irrattrapable, trop inculte, trop barbare pour qu'on continue à prendre appui sur lui. En pensant que les victoires électorales, seules dignes d'intérêt, pourraient s'obtenir sans lui. D'autres, toujours, s'apitoient sur le peuple, l'idéalisent dans une figure qui n'est plus la sienne. L'incantation sur un mode nostalgique des grandes heures du mouvement ouvrier ne sert à rien. Le passé est une source de réflexions et de symboles, mais il ne se reproduira pas à l'identique, avec les mots et les images d'hier. Il y a plus grave… Puisque ni droite ni gauche ne trouvaient le sésame pour fédérer le peuple, l'extrême droite a cru voir son heure arriver. Sur des bases rétrogrades et racistes, elle caresse le peuple dans le mauvais sens du poil et prospère sur ce qui est laissé vacant.

Au total, le compte n'y est pas. Et ce n'est pas nouveau. Quel gâchis ! Toute la gauche est devant ses responsabilités. L'invocation morale ne vaudra jamais le retour critique sur les expériences historiques qui nous ont conduits là où nous sommes. Les échecs du XXe siècle doivent être digérés et imposent de tirer des leçons substantielles. Soit la gauche est capable de renouer avec le peuple, soit elle ira de naufrage en naufrage, inutile au monde. Mais pour réussir, il faut qu'elle soit à la fois fidèle à elle-même, en retrouvant sa boussole et son tranchant, et qu'elle sache ce qu'il lui convient de changer, au plus profond d'elle-même.

Il ne suffit pas de dire aux catégories populaires qu'on les aime pour les mobiliser. Nous devons répondre à la seule question qui vaille : comment la politique contribue-t-elle à permettre aux différentes composantes du peuple aujourd'hui dispersé — dans ses statuts, ses activités, ses origines, ses lieux de vie — de se constituer en communauté de projet ? Cette réponse n'arrivera pas d'un coup d'un seul : elle suppose une mobilisation politique, sociale, artistique, intellectuelle inédite et au long cours. Elle s'inscrit dans une histoire mais ne peut se contenter de la répéter. L'entreprise de refondation, de novation à produire doit s'appuyer sur la réalité du peuple tel qu'il est aujourd'hui. En préalable, il nous faut donc prendre la mesure des mutations du monde du travail et de la cité.

La réalité du peuple, en partie abstraite, est en perpétuelle redéfinition. La force de la notion, c'est qu'elle recouvre dans notre langue française, depuis la fin du XVIIIe siècle, une double acception. Le peuple mêle le social et le politique. Il est un et multiple. L'étymologie latine n'est pas inutile. Le peuple est à la fois la plèbe (*plebs*), c'est-à-dire les catégories opprimées et dominées dans leur diversité, et le mouvement par lequel cette plèbe se rassemble pour devenir un peuple politique (*populus*), doté d'une volonté commune. Par peuple, il faut entendre combien le caractère universalisant de la cause des subalternes dit le sens de l'avenir commun. Le recours politique au peuple part d'une conviction : le progrès humain passe par l'amélioration des conditions de vie des exploités et des dominés qui sont les acteurs, les sujets de l'émancipation. Pour ouvrir le champ des possibles, il faut du carburant dans le moteur de l'histoire. Et ce carburant, c'est le peuple mobilisé autour d'un refus et d'une espérance.

Pour poser un jalon dans cette ambition politique, je commencerai par les formes contemporaines de la classe dominante, ses politiques, ses stratégies. Ses intérêts pilotent les politiques économiques ; son idéologie domine le champ de la politique institutionnelle, celui des médias, de la culture. Le mépris est son maître mot.

Je tenterai ensuite de donner un visage à ce nouveau peuple éclaté dans la multitude des lieux de production, atomisé par la diversité des statuts du travail, marqué par la précarisation croissante. Je fais l'hypothèse qu'autour de cette précarité se noue la peur et que là se situe le cœur d'une possible réunification du peuple, reprenant dans ses formes actuelles l'antique lutte pour conquérir des conditions de vie sécurisées et émancipatrices.

Nous avons également à saisir les nouveaux territoires de ce peuple. L'urbanisation généralisée des territoires et des modes de vie s'accompagne d'une différenciation nouvelle entre les villes métropoles et les autres. Cette réalité contemporaine, qui est directement articulée à la mondialisation, a des effets aussi structurants que les transformations du travail et des statuts. Elle reste pourtant un point aveugle de la politique. Je tenterai de lever un coin du voile.

Enfin, je proposerai quelques axes fondamentaux d'une politique susceptible de répondre aux aspirations du peuple d'aujourd'hui. Car c'est par la projection dans un projet ambitieux, modernisé et fédérateur que le peuple pourra retrouver le chemin de l'unité.

Au mépris du peuple

En juin 2011, *Le Figaro magazine* consacrait un dossier à « La France des assistés ». L'image en une de ce journal conservateur était édifiante : un jeune homme mal rasé assoupi dans un drapeau bleu, blanc, rouge transformé en hamac. Qui sont donc les profiteurs de l'argent public ? Les gagnants du paquet fiscal ? Les banquiers qui s'en mettent plein les poches sur le dos des États ? Non. Il s'agit, sans rire, des bénéficiaires du RSA[1]. *Le Figaro* prenait le relais du ministre des Affaires européennes qui, avec la bénédiction de l'Élysée, avait lancé quelques semaines auparavant un ballon d'essai en évoquant

---

1. Revenu de solidarité active.

le « cancer de l'assistanat ». Laurent Wauquiez proposait cinq heures de travaux d'intérêt général non rémunérées pour les allocataires du RSA. Petit couac dans la majorité, où l'on s'est agité pour la forme. Car, sur le fond, les leçons du marxisme sont bien digérées : il ne faut jamais perdre une occasion de faire vivre la lutte des classes, en redistribuant aux plus riches. Et si l'on peut opposer les pauvres aux plus pauvres, c'est toujours ça de pris sur l'ennemi. *Le Figaro* joue donc son rôle pour maintenir l'hégémonie culturelle. Dans le dossier, on apprenait que l'idée de faire travailler gratuitement les allocataires du RSA a « enthousiasmé l'opinion, lasse de déverser toujours plus d'argent dans le puits sans fond de la solidarité nationale ». Et encore : « On les surnomme parfois "les canapés". Dans le milieu de l'insertion professionnelle, on connaît bien ces demandeurs d'emploi qui ne demandent plus grand-chose, sinon de rester chez eux devant la télévision. »

Lors de sa convention sur la justice sociale, l'UMP a proposé que les allocataires du RSA « dont la santé le permet » (grands seigneurs !) fassent cinq à dix heures de travail par semaine sous la forme d'un Contrat unique d'insertion, sous peine de voir leur allocation diminuer. Inventer des CDD au rabais au moment où la précarité est un fléau national, il fallait y penser… C'est donc sans fard, au beau milieu d'une crise économique majeure qui frappe de plein fouet les plus défavorisés, que la droite s'en prend à ceux qui ont le minimum pour survivre. 466,99 euros : c'est le montant mensuel du RSA pour une personne seule. Pas de quoi se la couler douce aux frais de la princesse publique. Les bénéfices du Cac 40 ont explosé, certains patrons gagnent plus de trois cents fois le Smic, les plus aisés se réjouissent des niches fiscales mais l'UMP et ses alliés estiment que l'urgence, c'est de fliquer, stigmatiser, fragiliser plus encore ceux et celles qui n'arrivent pas à joindre les deux bouts avec quelques centaines d'euros par mois en poche, vivant au-dessous du seuil de pauvreté.

Le soubassement idéologique est celui qui avait déjà prévalu au remplacement du RMI par le RSA : les chômeurs sont des fainéants, ils sont responsables de leur situation et constituent des parasites de la société. Mais faut-il rappeler que notre pays, dans ses chiffres officiels (très en deçà de la réalité), compte près de 3 millions de chômeurs pour, au mieux, quelque 500 000 emplois disponibles ? Le chômage est structurel dans nos sociétés occidentales, de l'ordre de 10 % des actifs. Comment mettre décemment sur le dos des demandeurs d'emploi le fait qu'ils n'en trouvent pas ? Florence Aubenas, dans son best-seller, *Le Quai de Ouistreham*[1], raconte par le menu cette envie de travailler à tout prix des personnes qui font la queue à Pôle emploi. La majorité d'entre elles est prête aujourd'hui à accepter le premier poste venu.

Si le peuple se sent méprisé et nourrit un ressentiment à l'égard de la puissance publique et des grands partis institués, c'est d'abord parce qu'il paie chèrement le prix des politiques menées ces dernières décennies. Les choix néolibéraux ont favorisé les revenus du capital au détriment de ceux du travail. Ils ont produit le sur-chômage et la précarité. Les droits sociaux ont été révisés à la baisse pour accroître la flexibilité et la rente. Au total, le plus grand nombre a vu ses conditions matérielles d'existence se dégrader significativement ces trente dernières années.

---

1. Florence Aubenas, *Le Quai de Ouistreham*, L'Olivier, 2010.

La droite, hélas, n'est pas seule en cause. La gauche au pouvoir, et singulièrement la social-démocratie en Europe, n'est pas sans responsabilité dans cette voie néolibérale qu'elle n'a pas su prévenir et qu'elle a même accompagnée. Quant aux autres forces de gauche, elles ont pour elles d'avoir cherché à conjurer les dérives social-démocrates ou « social-libérales ». Mais, écrasées par les graves échecs des expériences de type soviétique, elles n'ont pas non plus réussi à constituer une alternative porteuse de transformation sociale. Alors que, dans les années 1930 et celles de l'après-guerre, le peuple voyait sa situation progresser et se projetait dans un avenir meilleur, les trois dernières décennies ont été marquées par le déclin, en termes de conditions de vie et de projection dans un destin collectif émancipateur.

RESSENTIMENT POPULAIRE
À L'ÉGARD DE LA POLITIQUE INSTITUÉE

Cette dégradation constitue le fond du problème. Son résultat est connu depuis longtemps.

De nombreuses études montrent la cruelle réalité : les catégories populaires estiment de plus en plus que la politique instituée ne peut rien pour elles. Quel que soit le scrutin, entre un quart et un tiers des ouvriers ne se déplacent pas pour voter. Les catégories tenues pour subalternes ont tendance à bouder les urnes car elles ne perçoivent pas assez de différences entre les grands partis et se sentent délaissées. L'abstention galopante aux scrutins électoraux marque une perte d'appétit pour la politique telle qu'elle existe. Certains revendiquent leur non-vote comme une manifestation de mécontentement, comme un acte de subversion. Cela ne signifie pas que l'envie de politique n'est plus mais que, dans sa forme actuelle, la politique n'est pas désirable.

Quand les enquêtes interrogent les catégories populaires, celles-ci disent comprendre de moins en moins de choses à la politique, hormis les gros titres des journaux sur les scandales autour du pouvoir. Elles ajoutent ne pas se sentir compétentes et avoir de grandes difficultés à choisir entre tel et tel candidat. Que reprochent-elles aux politiques ? De beaucoup parler, de promettre énormément et, au final, d'agir peu. Elles considè-rent que les politiques ont abandonné leur monde et que les promesses sociales sur le pouvoir d'achat, le maintien des industries en France n'ont pas été tenues. Les alternatives de la gauche entre 1981 et 2002 sont-elles mieux jugées ? Les caté-gories populaires racontent que les politiques menées n'ont pas vraiment changé leur vie. Nous devons affronter cette réalité sans tricher, sans contourner le problème qui résulte de cette carence.

Or, en réponse à ce désarroi qui s'est installé, le mépris tient la corde, en lieu et place d'une atti-tude compréhensive et d'une solution politique apportée aux aspirations populaires. La sociologue Annie Collovald explique combien les expressions employées lors des élections présidentielles par les partis traditionnels pour évoquer les catégories populaires frisent le racisme social : « les largués, les paumés, les incultes, les ignares[1] ». La phobie du « populisme » agité comme un épouvantail fait

1. Annie Collovald, *Le « Populisme du FN ». Un dangereux contre-sens*, Éditions du Croquant, 2004.

partie du tableau. À la mode, ce mot fourre-tout ne signe-t-il pas avant tout ce mépris rampant à l'égard des catégories populaires ? En substance, nous dit-on, les démocraties, pour bien fonctionner, doivent s'en remettre à l'élite dont la supériorité morale et intellectuelle lui confère les qualités que le peuple n'a pas pour décider de ce qui est bon pour lui. Ceux et celles qui en appellent au peuple et entendent défendre ses intérêts seraient donc des déma-gogues. Et, pêle-mêle, se trouvent mélangés derrière ce terme de « populistes » les porteurs d'une gauche digne de ce nom, comme Jean-Luc Mélenchon, et les tenants d'une droite réactionnaire et xéno-phobe. Quel tour de passe-passe sordide se joue là pour amalgamer deux courants politiques aussi diamétralement opposés...

Reprendre langue avec le peuple, c'est déconstruire les discours qui le traitent avec condescendance, qui entendent le mettre à distance de la politique. Or, au moment même où le peuple reprend de la vivacité, de la place Tahrir à Occupy Wall Street, en passant par les nombreux conflits sociaux dans l'Hexagone, il est considéré par une partie des élites comme suspect et dangereux. Certaines manières de décrire les phénomènes en cours laissent un goût douteux, quelles que soient les intentions de leurs auteurs. Prenons ainsi une analyse comme celle de Pascal Perrineau, directeur du Cevipof[1] : les votants FN « sont des gens qui sont en bas de l'échelle des revenus mais aussi de l'échelle des savoirs. Plus le niveau de culture est élevé, plus on est à l'abri d'un vote Le Pen[2] ». Dans ce constat, on peut entendre que, handicapées par leur manque de diplômes et de culture, les catégories populaires seraient manipulables, à la merci d'une sirène démagogique.

Il est vrai que des ouvriers et des employés, de plus en plus nombreux, votent pour le Front national. En 2007, parmi les votants, un quart des ouvriers ont choisi Jean-Marie Le Pen. Et il est évident que les catégories populaires bénéficient d'un « capital culturel », pour reprendre les termes de Pierre Bourdieu, moins élevé que les catégories sociales supérieures. Mais est-ce pour cette raison

---

1. Centre de recherches en études politiques de Sciences-Po Paris.
2. Cité par Annie Collovald, *Le « Populisme du FN »*, *op. cit.*

qu'ils apportent leurs suffrages à l'extrême droite ? C'est oublier que la plus grande part des catégories populaires continue de donner ses voix à la gauche et à la droite classique, et qu'elle est de plus en plus tentée par l'abstention. Par ailleurs, le FN progresse aussi parmi les cadres supérieurs, ce qui rappelle que l'on peut avoir fait des études, bien gagner sa vie, et opter pour le repli, la réaction, le rejet de l'autre. Le haut niveau de diplômes et de revenus n'est pas une garantie contre l'extrême droite.

Quel est le ressort du vote frontiste ? Ce n'est pas l'inculture mais le ressentiment. En affirmant qu'elle veut « rendre visibles les invisibles », avec des accents déroutants empruntés à la gauche radicale, la leader du FN touche une cible qui a besoin de se sentir considérée, qui cherche une dignité. Cette nouvelle pseudo-fibre sociale de l'extrême droite masque mal le parti pris central visant à rendre l'immigration responsable de tous les maux. L'arnaque est patente : Marine Le Pen propose d'abîmer plus encore les acquis issus du Conseil national de la Résistance, s'en prend aux syndicats, n'est d'aucune mobilisation sociale, ne cesse d'opposer une partie du peuple, les immigrés, aux autres, etc. Mais elle réussit à porter un récit national, à fournir une sorte de cadre collectif aux déroutés, aux oubliés de politiques qui les malmènent. Quiconque a discuté avec des ouvriers, par exemple dans une entreprise en proie à une restructuration, sait que le FN représente une tentation, comme une possibilité pour affirmer une contestation, pour donner « un coup de pied dans la fourmilière ». C'est flippant, malheureux, tout ce que l'on voudra, mais croire que l'on peut guérir ce mal par un discours moralisateur mou des genoux, sur le mode simpliste : « Le FN, c'est mal, vous êtes ignorants et imbéciles si vous votez Marine Le Pen », est un leurre.

Dans son magistral *Retour à Reims*[1], le philosophe Didier Eribon, qui s'interroge sur la domination de classe à partir d'une réflexion sur son propre parcours d'enfant d'ouvrier, livre cette juste analyse : « Aussi paradoxal que cela puisse paraître, je suis persuadé que le vote pour le Front national doit

---

1. Didier Eribon, *Retour à Reims*, Fayard, 2009, réédition en poche, Champs/Flammarion, 2011. À lire également : *Retours sur Retour à Reims*, Éditions Cartouche, 2011.

s'interpréter, au moins en partie, comme le dernier recours des milieux populaires pour défendre leur identité collective, et en tout cas une dignité qu'ils sentaient comme toujours piétinée, et désormais par ceux qui les avaient autrefois représentés et défendus. La dignité est un sentiment fragile et incertain de lui-même : il lui faut des signes et des assurances. Elle requiert d'abord qu'on n'ait pas l'impression d'être considéré comme quantité négligeable ou comme de simples éléments dans des tableaux statistiques ou des fichiers comptables, c'est-à-dire des objets muets de la décision politique. Et, dès lors, si ceux à qui l'on accordait une certaine confiance ne la méritent plus, on la reporte sur d'autres. Et l'on se tourne, fût-ce au coup par coup, vers de nouveaux représentants. »

La parade au FN se trouve d'abord dans nos propres réponses politiques. À nous, à gauche, bien à gauche, d'apporter une perspective aux catégories populaires pour leur donner envie de voter ailleurs. À nous de faire valoir l'impasse cruelle proposée par le FN mais aussi, surtout, d'offrir une voie solidaire attractive.

UNE BOURGEOISIE MOBILISÉE

Il y a urgence car la guerre de classes est en marche. Les gouvernants sont effrayés de ces mots : « la lutte des classes » mais, s'il y a bien une époque où celle-ci reprend toute sa saveur, c'est aujourd'hui. Pour une raison simple : face au peuple, se tient la bourgeoisie qui, elle, est toujours mobilisée. Depuis vingt-cinq ans que Monique Pinçon-Charlot et Michel Pinçon scrutent la grande bourgeoisie, ils avouent ne l'avoir jamais vue aussi puissante, concentrant entre ses mains les pouvoirs économiques et politiques. Le constat, venant de spécialistes des classes dominantes, est sans appel. Avec précision, ils ont montré que cette classe possédait le capital à la fois économique, culturel et relationnel. Économique, bien sûr, puisque, au sommet de la société, ils ont toujours accumulé les richesses. Leur emprise est aujourd'hui d'une force inouïe. Les 10 % les plus riches s'accaparent la moitié des richesses nationales. Le patrimoine des cadres est, en moyenne, trente-cinq fois plus important que celui des ouvriers non qualifiés. Ces inégalités se sont accrues entre 2004 et 2010 : le rapport entre le patrimoine moyen des 10 % de ménages les plus dotés et celui des 50 % les moins dotés a ainsi augmenté de près de 10 %. Les détenteurs de patrimoine ont la belle vie. « Il faut remonter un siècle en arrière, à la Belle époque, pour trouver un tel rapport entre les revenus et le patrimoine[1] », indique Thomas Piketty, de l'École d'économie de Paris, spécialiste des hauts revenus. La grande bourgeoisie possède aussi le capital culturel : le monde des grandes fortunes, c'est le monde des collectionneurs et du marché de l'art, celui des grands groupes de presse. N'oublions pas la richesse sociale, essentielle dans cet univers : ses membres bénéficient de réseaux tout à fait extraordinaires, qui leur sont bien utiles pour se placer. S'ajoute le capital symbolique, ce blason dont ils usent volontiers : des noms de famille prestigieux, des adresses dorées, des codes, des manières, le langage et l'accent des « beaux quartiers ».

Nous entendons abondamment évoquer — et critiquer — les ghettos situés dans les quartiers populaires. Les ghettos de riches se révèlent, eux,

---

1. « L'immobilier a dopé le patrimoine des ménages français », *La Tribune*, 16 décembre 2011.

invisibles, épargnés par le regard critique. Les riches font en sorte que l'on ne touche pas à leurs rues, à leurs quartiers, quand ils ne vivent pas reclus à l'abri derrière de hautes grilles, dans des impasses fermées au public, de belles maisons miraculeusement devenues zones écologiques protégées. Et lorsqu'ils possèdent un château ou une belle demeure, ils s'engagent pour défendre ce patrimoine, « le » patrimoine historique. « La bourgeoisie s'affirme ainsi ouvertement comme classe consciente d'elle-même et de ses intérêts[1] », soulignent les Pinçon-Charlot, c'est-à-dire une classe qui défend bec et ongles sa manière de vivre et étend ses réseaux. Une classe *en soi* et *pour soi*, comme disait Marx. La classe bourgeoise est une classe mobilisée, « capable de cacher son pouvoir derrière un discours idéologique mettant en avant l'individualisme et la réussite personnelle, tandis qu'elle met en place pour elle-même un collectivisme pratique[2] », comme l'écrit le chercheur en sciences sociales Denis Colombi.

---

1. Monique Pinçon-Charlot et Michel Pinçon, *Sociologie de la bourgeoisie*, La Découverte, 2000.
2. Denis Colombi, extrait de son blog (http://uneheuredepeinc.blogspot.com), le 16 octobre 2007.

Les dominants imposent de façon insidieuse leur vocabulaire, trompeur, pour mieux marquer les consciences. « Vivre ensemble », « responsabilité individuelle », « modernisation sociale », « restructuration »… Les rapports de domination et les destins sociaux sont gommés. Écoutez même ce nouveau terme à la mode : la « gouvernance », en lieu et place de gouvernement. L'exemple est symptomatique. Le mot est réapparu en France au début des années 1970, par le biais du vocable de l'entreprise et sous l'impulsion des milieux libéraux. En 1975, un rapport fameux de la Commission trilatérale dénonce « les excès de la démocratie ». Ce document explique, par exemple, qu'« un gouvernement qui manque d'autorité [...] aurait peu de capacité, à l'arrivée d'une crise cataclysmique, d'imposer à son peuple les sacrifices qui pourraient être nécessaires [*sic*] ». Les auteurs de ce rapport usent et abusent du terme alors peu connu de « gouvernance », pour signifier la supériorité des modèles managériaux sur les cultures administratives et légitimer la revendication néolibérale d'un État « minimaliste » géré par les « élites », au nom de la doctrine du *New Public Management*. Cette logique est celle de la réduction du pouvoir étatique : elle suppose l'érosion du secteur public. Dans un monde de concurrence et de liberté du capital, la négociation et le contrat doivent ici remplacer le conflit social et la norme légale. Rien d'étonnant que le théoricien ayant énoncé les principes de la gouvernance, Ulrich Beck, ait fortement inspiré la « troisième voie » de Tony Blair. Dès les années 1990, devant les limites de la logique minimaliste du *New Public Management*, ont été recherchées des modalités moins brutales que celles de la « gouvernance » proposée à tous les États, notamment ceux du Sud, dans le cadre du consensus de Washington qui leur impose comme règle l'ajustement structurel. On nous parle désormais de « bonne gouvernance », expression largement diffusée dans les organismes internationaux et visant à une certaine revalorisation de la régulation publique. Mais restent l'hégémonie de la norme privée, l'acceptation de la concurrence, la valorisation de la méthode contractuelle. Le passage du gouvernement à la gouvernance n'est donc pas indolore. Il suppose la réduction des dépenses publiques et des droits humains. Il vise aussi à miner la conflictualité sociale et politique, à faire fondre le pouvoir des peuples.

En face, il est temps de muscler la réponse, d'imposer un autre imaginaire que celui des marchés financiers, de faire vivre l'offensive sociale et politique au service des intérêts du plus grand nombre. Si la bourgeoisie apparaît aujourd'hui comme une classe mobilisée au service de ses intérêts, il importe que les catégories populaires développent cette « conscience pour soi ». Ce cheminement de la « conscience en soi » à la « conscience pour soi » suppose que les catégories populaires, dans leur diversité mais ayant des intérêts partagés, prennent la mesure de ce qui relie ses différentes composantes pour faire cause commune. Et force commune.

II

LES NOUVELLES FIGURES DU PEUPLE

Il n'y a pas de fatalité. Depuis deux siècles, en France, le peuple a occupé une place forte. C'est une originalité française. Un sérieux point d'appui. Les bases de la configuration qui a permis au peuple d'être acteur ont été attaquées depuis une trentaine d'années. Cependant, retrouver une dynamique est non seulement souhaitable mais possible. Un travail d'unification doit être entrepris. En partant du peuple tel qu'il est.

En s'interrogeant sur la base électorale de la gauche, Terra Nova a jeté un pavé dans la mare sur les contours du peuple d'aujourd'hui[1]. Le « *think*

---

1. Note disponible sur le site de Terra Nova : http://www.tnova.fr/essai/gauche-quelle-majorit-lectorale-pour-2012

tank » proche du PS propose la conquête d'un nouvel électorat composé de diplômés, de jeunes, de minorités des quartiers populaires et de femmes. Un parti pris qui, tenant à distance les ouvriers et les employés, en a fait bondir plus d'un. Et ce, d'autant plus que l'approche en termes de parts de marché pour faire le plein des urnes supplante celle de la dynamique politique à même de transformer la vie. En outre, le monde ouvrier y est perçu comme éloigné des valeurs morales de la gauche, tenté par les thèses xénophobes et tournant le dos à la modernité : là serait la raison de son divorce avec elle, et non dans la responsabilité de la gauche à n'avoir pas su améliorer ses conditions concrètes d'existence, question éludée dans la note. Il n'empêche que Terra Nova s'interroge sur les bases sociales de la gauche en partant du principe juste que le peuple d'hier n'est plus. Ses détracteurs ont eu tendance à balayer d'un revers de la main la question de la recomposition du peuple. Le « *think tank* », a-t-on largement entendu, aurait tiré un trait sur les catégories populaires alors que le défi serait de s'occuper de l'ouvrier blanc mâle que la gauche a maltraité. C'est par exemple la thèse d'Hervé Algalarrondo dans un livre au titre édifiant, *La Gauche et la préférence immigrée*[1]. D'autres, de façon plus construite et subtile politiquement, ont battu le rappel à l'ordre : la gauche doit revenir à ses fondamentaux en défendant le peuple entendu comme la masse des salariés aux faibles revenus, notamment les employés et ouvriers en emploi stable. Pour finir, le débat se trouve enfermé dans une alternative idiote, qui frise l'aporie : tourner le dos aux catégories populaires ou défendre le peuple d'hier ; prendre en considération les nouvelles problématiques liées à l'identité d'origine ou de genre, ou en revenir à la centralité de la question sociale.

Opposer la défense de l'ouvrier à celle du sans-papiers ou celle de l'employé à l'intello précaire ne peut qu'accroître la fragmentation du peuple alors qu'il a un besoin impérieux de se fédérer. Devoir choisir entre les « nouvelles » problématiques telles que le féminisme, l'écologie, l'antiracisme et la question sociale, censée parler au peuple quand le

---

1. Hervé Algalarrondo, *La Gauche et la préférence immigrée*, Plon, 2011.

reste ne l'intéresserait pas, est totalement absurde. Le problème contemporain, c'est bel et bien de dégager les éléments qui unifient, c'est de réussir à articuler les combats émancipateurs. La nostalgie des grandes heures du mouvement ouvrier est de peu d'utilité pour la tâche qui nous attend. Nous avons à saisir et à traduire politiquement les mutations du monde du travail et le renouveau des aspirations populaires.

C'est un fait : le peuple d'aujourd'hui n'est plus celui qui s'était unifié autour de la figure de l'ouvrier de l'industrie. Ses activités, ses espaces, ses formes de culture ne sont plus les mêmes. L'installation d'un chômage de masse et de la précarité a métamorphosé son rapport au travail. L'essor des activités de services, le développement des petites unités, de la sous-traitance, du travail à domicile ou encore le retour du paiement à la tâche ont bousculé les pratiques. Ce nouvel univers ne favorise pas l'échange et contrarie les formes d'actions syndicales et politiques traditionnelles.

Contrairement à une idée reçue, les ouvriers n'ont pas disparu : ils forment toujours de gros bataillons du salariat. Notre pays compte six millions d'ouvriers, soit un gros quart de la population active. En réalité, ce groupe social se mélange de plus en plus avec les autres fragments des catégories populaires, comme les employés. Ensemble, ils forment la part du salariat la plus basse en termes de revenus et la majorité des salariés.

Aujourd'hui, comme l'indique le néologisme « précariat » issu de la sociologie, les notions de précarité et de prolétariat s'imbriquent. L'essor de la classe ouvrière aux XIXe et XXe siècles s'est confondu avec la montée du salariat. L'installation d'un chômage massif structurel et de la précarité comme forme normée du statut professionnel, avec l'explosion des CDD, de l'intérim et des temps partiels imposés, a bouleversé la donne. Le visage des vaincus du système s'en est trouvé modifié. Car cette précarité touche essentiellement les femmes, les jeunes, les non-qualifiés, les travailleurs étrangers. Ainsi, le visage du « monde ouvrier » moderne, c'est celui des travailleurs sans-papiers exploités dans le bâtiment, des caissières de supermarché, des jeunes de la restauration rapide. Leur invisibilité est aussi frappante que signifiante. La conscience d'appartenir à un même monde n'est pas encore consolidée. Ils et elles ne se reconnaissent globalement plus dans l'appellation « classe ouvrière ». Individuellement, certains et certaines d'entre eux ne se définissent même pas comme ouvriers alors même qu'ils entrent dans cette catégorie d'un point de vue sociologique. La gauche doit œuvrer à une représentation de ce peuple nouveau.

Au fond, les « ouvriers » déclinent mais le « peuple » grandit. Ce qui produit de l'unité, c'est l'expérience de la précarité, de la flexibilité et de la détérioration des conditions de travail, autant d'éléments dont même les cadres ne sont pas épargnés. Un processus de « déstabilisation des stables », pour reprendre l'expression du sociologue Robert Castel, est en marche. La peur du chômage pèse sur une part croissante de la société. Le recul des emplois à statut produit des « intellos précaires » et des intermittents menacés. Pression, stress, souffrances au travail, sentiment d'être jetable, mépris des savoir-faire, perspective de faibles retraites... Tout cela devait atomiser pour que s'exerce au mieux la domination du capital. Mais ces réalités sont en train de rendre possibles de nouvelles alliances. Le développement des inégalités stimule de nouveau la polarisation sociale.

LE TRAVAILLEUR SANS-PAPIERS DU BÂTIMENT

Commençons le tour des nouvelles figures du peuple par le travailleur sans-papiers du bâtiment. Le philosophe Alain Badiou place, non sans raison, le prolétaire immigré sans-papiers au centre de la scène de l'histoire. Cette figure est emblématique d'une réalité présentée comme appartenant à un autre monde : c'est pourtant le nôtre. Le travailleur sans-papiers est le plus vulnérable et représente un rouage essentiel de l'économie française. Ce travailleur corvéable à merci contribue à tirer vers le bas les salaires de secteurs qu'il tient en même temps à bout de bras. Dans notre société, les travailleurs au plus bas de l'échelle sociale et, parmi eux, ceux qui ont cette caractéristique supplémentaire, venant d'ailleurs, d'être persécutés à ce titre, soumis à des lois oppressives, de ségrégation, constituent un symbole central de l'avenir.

Après des années d'expérience, la vie des sans-papiers du bâtiment est précaire parmi les précaires. Ces travailleurs gagnent moins que des manœuvres et s'assoient sur les heures supplémentaires impayées. Ils sont des milliers à bâtir les écoles, les bibliothèques, nos immeubles. Le patronat répète depuis des décennies le même disque rayé sur la pénurie de main-d'œuvre. Mais c'est pour mieux les tenir sous sa coupe. Les multinationales renvoient à la moindre revendication les employés vers les dizaines de sous-traitants qui se côtoient sur les chantiers ; les sous-traitants les gèrent comme du bétail et mettent leur intégrité physique en danger car, pour suivre le rythme, il faut négliger les mesures de sécurité. Le travail au black et l'embauche de sans-papiers permettent aussi aux petites et moyennes entreprises de mettre en compétition les salariés et de renvoyer tout élément trop turbulent. En début de chaîne, il y a les agences d'intérim, pas dupes des faux papiers qui leur sont présentés au quotidien[1]. Elles disposent

---

1. Le sociologue Nicolas Jounin, qui a travaillé pendant un an sur les chantiers, estime qu'au moins 30 % des ouvriers employés par les agences d'intérim ont des faux papiers. Nicolas Jounin, *Chantier interdit au public*, La Découverte, 2008.

là d'une main-d'œuvre malléable qui, pensaient-elles, n'oserait jamais manifester.

Raté. En 2008, trois cents travailleurs sans-papiers se mettent en grève et occupent leurs entreprises, en région parisienne. Ils seront bientôt suivis par des milliers d'ouvriers clandestins. Ce mouvement est alors inédit : il lie un mode d'action traditionnel du mouvement ouvrier, la grève, avec occupation des lieux de travail, à la revendication centrale de la lutte des sans-papiers, la régularisation. S'ouvrent alors deux années de mobilisation, tantôt souterraine, tantôt médiatisée, qui déboucheront sur quelques milliers de régularisations, arrachées au patronat et au gouvernement. Ces travailleurs sans-papiers mènent un combat pour le respect de leurs droits et pour la régularisation de leur situation. À la base de ces revendications qui conduisent parfois au blocage du chantier, du simple bon sens : ils veulent de l'eau, des toilettes, des masques corrects pour les protéger de la poussière, des gants, un casque. Pour avoir soutenu de près ces actions militantes et discuté longuement avec plusieurs d'entre eux, je dois dire que le récit de leurs peurs – celle de se voir à tout moment arrêter par la police, renvoyer dans leur pays, celle d'être maltraités par leurs employeurs sans bénéficier de droits protecteurs – est particulièrement poignant et insupportable. Partout où ces travailleurs sans-papiers gagnent, c'est une victoire contre l'humiliation, la division et le silence assourdissant sur leur sort. En 2009, trois mille sans-papiers sortent de nouveau de l'ombre et bénéficient de nombreux soutiens militants. La mobilisation a payé. L'engagement de syndicats comme la CGT et Sud (Solidaires unitaires démocratiques) n'y est pas pour rien.

L'hypocrisie concernant la situation des sans-papiers du bâtiment est d'ailleurs affligeante. Personne ne cherche à savoir si la carte est vraie quand il s'agit pour l'ouvrier de cotiser et de payer des impôts. À partir du moment où vous travaillez chez un exploitant, votre employeur déclare votre salaire sur lequel les cotisations sont prélevées. C'est simple et parfaitement au point depuis des lustres. Mais cette situation ne leur donne pas accès aux droits sociaux. Exiger la régularisation de ces sans-papiers, c'est œuvrer pour l'émancipation humaine et combattre la mise en concurrence des ouvriers et employés entre eux. C'est tirer tout le monde vers le haut.

LA CAISSIÈRE DE SUPERMARCHÉ

Le visage du peuple d'aujourd'hui, c'est aussi celui des caissières de supermarché. Ici et là rebaptisées « gueules noires du XXIᵉ siècle », en référence aux mineurs, elles incarnent une figure contemporaine du prolétariat. Derrière le sacro-saint SBAM (« sourire, bonjour, au revoir, merci ») exigé des caissières, se cache l'univers des temps partiels imposés, des brimades des chefs de caisse, des tendinites à l'épaule à répétition. Le succès du blog, puis du livre adapté au cinéma *Les Tribulations d'une caissière*, d'Anna Sam, qui raconte mille et une anecdotes du quotidien, est à l'image des angoisses financières des fins de mois de ces 170 000 « hôtesses de caisse » que compte la France. Soit un tiers des employées de la distribution. Nous les croisons en faisant nos courses mais nous ne les voyons pas, ou peu, nous méconnaissons la réalité de leur quotidien.

Leur âge est variable, leurs parcours aussi. Derrière les caisses, se trouvent beaucoup de femmes qui ont arrêté tôt leurs études, qui élèvent parfois seules plusieurs enfants, mais aussi de nombreuses étudiantes qui n'ont pas réussi à décrocher un autre emploi, dont les diplômes se voient ainsi dépréciés et dont l'avenir apparaît bien bouché. Dans leur grande majorité, ces employées sont à temps partiel contraint. 20 heures, 25 heures… Peu de temps complets. Et une paie qui dépasse rarement les 1 000 euros à la fin du mois.

Leur travail se décompose en six tâches centrales : scanner les articles, encaisser le montant des achats, accueillir et fidéliser le client, transférer les grosses sommes vers la caisse centrale, surveiller les clients pour limiter les vols et nettoyer sa caisse. Voilà pour la théorie. Car, lorsqu'il y a peu de clients, elles « aident » au nettoyage, au rangement des rayons. Elles ne chôment jamais. Être derrière sa caisse, c'est être exposée en permanence au triple regard du client, de l'encadrement et des pairs. En résulte la fatigue mentale de se contrôler sous les caméras, la peur au ventre de se tromper de 50 centimes d'euro — ce qui donne lieu à un avertissement ; au bout de trois, c'est le licenciement. Bien souvent, si un client se plaint, l'encadrement lui donnera raison contre la caissière. Bien sûr, « le client est roi ». Les caissières se sentent souvent démunies et lâchées par leurs supérieurs hiérarchiques.

Être caissière aujourd'hui, comme pour d'autres métiers, c'est faire face à l'impossibilité de gérer les difficultés imprévues ou d'optimiser son organisation du travail. Un article bloque sous le scanner ? La configuration de la machine décide de la façon d'atteindre les objectifs imposés par l'encadrement. Il faut suivre la machine. Les caissières sont prises dans un taylorisme poussé à l'extrême où le contrôle se porte en permanence non sur le résultat, mais sur le déroulement de leur travail. Le quotidien s'organise selon le bon vouloir des chefs de caisse pour manger, aller aux toilettes, fumer une cigarette. De toute façon, elles n'ont que trois minutes de pause par heure. La hantise est de l'avoir au début de la prise de poste et d'enchaîner quatre heures d'affilée. Là encore, c'est le coup de téléphone de la responsable de caisse qui décide de la pause. C'est elle aussi qui affecte chaque employée à une caisse (caisse de moins de dix articles, caisse carte bleue, caisse près de la poissonnerie…). De cette décision dépend la pénibilité de la journée.

Au niveau de la ligne de caisse se joue toute une logique d'attribution individuelle de faveurs, un système d'arrangements où l'on essaie d'être placée. Cette logique individualisée limite l'intérêt pour les mobilisations collectives. Ainsi, au moment des fêtes de fin d'année, la concurrence est sévère pour accéder aux postes qui sont installés de manière temporaire, mais pas payés davantage.

En 2008, le malaise a éclaté. À l'appel des syndicats dans les hyper et supermarchés, une grève a permis de dénoncer les temps partiels contraints, les bas salaires, les changements incessants de plannings, une plaie pour la vie de famille. Une première dans la grande distribution avec trois cents sites touchés et jusqu'à 70 % de taux de grévistes. Jamais les caissières n'avaient cessé d'enregistrer. Aucune profession aussi féminisée n'avait ainsi tapé du poing sur la table. En cause : les conditions de travail et l'avenir du métier. En jeu : la visibilité de salariées que nous côtoyons au quotidien sans y prêter attention. Les caissières se sont mobilisées pour des « salaires décents » et la dignité.

Cette lutte montre que le partage des gains de productivité se pose avec une acuité nouvelle. Les grands groupes de la distribution réalisent d'importants profits, trouvent même des astuces pour échapper au fisc par le biais de services négociés avec des fournisseurs en Suisse selon un récent rapport de Jean Arthuis, président de la commission des finances du Sénat... et, dans le même temps, le pouvoir d'achat des caissières continue à diminuer − entre 10 et 20 % de baisse estimée en vingt ans. Carrefour, numéro 1 européen et numéro 2 mondial de la distribution, a augmenté ses ventes de 7 % et dégage des milliards d'euros de bénéfices... mais les caissières de Marseille ont eu besoin de quinze jours de grève pour voir leurs tickets-restaurants augmenter de quarante-cinq centimes d'euro. Ce monde est fou.

Le sort des caissières rappelle combien les femmes constituent les gros bataillons de travailleurs pauvres. Les stéréotypes sexistes confèrent aux femmes les métiers et les carrières les plus dévalorisés socialement. Mais le cœur du problème se niche dans une dimension matérielle souvent éludée. Tant que les tâches domestiques et parentales ne seront pas partagées à égalité entre les hommes et les femmes, elles continueront d'être les premières victimes des temps partiels imposés qui signifient salaire partiel, chômage partiel et retraite partielle. C'est pourquoi les enjeux féministes ne sont pas une querelle bourgeoise mais bien un enjeu de société qui concerne les catégories populaires. Or l'accent dans le débat public est plus souvent mis sur la sous-représentation féminine dans les instances de direction des grandes entreprises ou en politique (vrai problème au demeurant) que sur le mode de production domestique qui asservit le grand nombre des femmes. Ces questions qui touchent au temps de la vie et à son injuste répartition sont déterminantes pour parvenir à l'égalité réelle. Elles sont politiques et ne devraient pas se trouver renvoyées à la négociation propre à chaque couple.

Le jeune de la restauration rapide

Le troisième visage qui me vient à l'esprit de ce peuple d'aujourd'hui, c'est celui du ou de la jeune employé-e de la restauration rapide. McDonald's, fournisseur officiel de travail aux jeunes ! C'est mieux que rien, diront certains. Pour la plupart des jeunes qui y travaillent, c'est *a priori* un emploi alimentaire et provisoire parmi d'autres. Mais aussi des sables mouvants qui maintiennent prisonniers dans la précarité. Ils sont 43 000 employés de la chaîne de fast-foods en France, parmi eux beaucoup d'étudiants à temps partiel, de 18 à 25 ans dont les deux tiers sont des jeunes femmes. Obligés de travailler pour payer leurs études et vivre, ils sont pris au piège de cet emploi à durée indéterminée. Bien sûr, il faut gagner sa vie, eux disent « trouver l'argent là où il est ». Ils se prennent au jeu de ce petit job qui, au départ, ne devait durer que quelques heures par semaine, juste quelque temps. Puis le nombre d'heures hebdomadaires augmente, la présence aux cours s'effrite.

Le travail y est contraignant et l'organisation tayloriste. Les tâches sont rationalisées, codifiées et reproductibles d'un restaurant à l'autre. Chaque équipier est dépendant de l'autre. Un mouvement mal exécuté et c'est toute la chaîne de travail qui en pâtit. Les sandwichs doivent être fabriqués au dernier moment, d'où une forte intensité de travail. La sonnerie des friteuses augmente la pression sur le flux productif. Si on ajoute les ordres du manager qui a l'œil sur les commandes des clients et le rythme de la cuisine, c'est la course permanente. Et pour être passée par là quand j'étais étudiante, j'ai en mémoire également la fatigue des jambes et l'odeur infernale.

Les logiciels qui prévoient la fréquentation en analysant les résultats des mois précédents calculent au plus juste le nombre d'employés. Le programme sous-évalue systématiquement le travail à fournir, histoire de maintenir les cadences frénétiques. En dehors des heures de pointe, l'employé est occupé à d'autres tâches : fabrication des produits, service en caisse, nettoyage des sols. Cette multitude de tâches est prévue dans son contrat de travail et permet d'éviter d'embaucher du personnel d'entretien.

Le regard sur ce job change souvent quand les équipiers restent plus que quelques mois dans le fast-food. Celui-ci devient leur horizon. Ils découvrent leurs droits, s'informent. Et parfois revendiquent. Depuis les années 2000, des grèves ont fait la une des journaux. Pour lutter contre une accusation de vol et le licenciement de délégués syndicaux, des employés ont dit : « Non, ça suffit. » La plus emblématique ? La grève de 115 jours déclenchée au McDo Saint-Germain à Paris en 2001. Des fast-foods non grévistes sont occupés. Émergent alors de nouvelles formes de contestation, plus pragmatiques, moins institutionnalisées. Les grèves débordent sur la rue avec accrochage de pancartes, distribution de tracts. On y parle aussi malbouffe ou sans-papiers, on interpelle les passants, on discute… Sur Facebook et Internet, l'image des multinationales, un bien très précieux pour elles, est écornée.

Les employés du McDo de la rue de Rennes, à Paris, qui ont manifesté en 2008 contre les conditions de travail déplorables, ont reçu le soutien des consommateurs. En écoutant les interviews des leaders de ces mouvements, on découvre qu'ils appartiennent la plupart du temps à la hiérarchie intermédiaire des restaurants. Pourquoi se sont-ils mis en grève ? Parce qu'ils se sont sentis trahis. Leur culture, leur famille, leur passé, tout est en contradiction avec la pression qu'on leur demande d'exercer sur leurs coéquipiers au travail. Souvent sans diplômes, ils se sont sentis disqualifiés et soumis à l'arbitraire. Ils veulent des relations plus humaines, être simplement davantage respectés. Ils découvrent que le discours méritocratique de l'enseigne est un leurre. Les managers, qui ont investi de longues heures supplémentaires non rémunérées et de l'énergie, se sentent trompés. S'ils stagnent, les plus jeunes sont désenchantés. Leur valeur n'a pas été reconnue dans le travail. La dignité bafouée, voilà ce qui a déclenché le mouvement de solidarité.

Le jeune employé de fast-food fait écho à la situation des jeunes de 18 à 25 ans qui sont aujourd'hui plus touchés par la pauvreté que toutes les autres classes d'âge. Un jeune sur cinq vit en dessous du seuil de pauvreté. La situation s'aggrave à une vitesse défiant toute concurrence. Dans la cinquième économie la plus riche du monde, le constat fait particulièrement mal. Cette paupérisation de la jeunesse a pris une telle ampleur que même le très officiel BIT (Bureau international du travail) n'hésite pas à parler d'un risque de « génération perdue ».

Dès 18 ans, c'est la galère pour une bonne partie des jeunes et le début d'une longue route vers l'âge adulte, parsemée d'embûches. Le *no man's land*, en termes de droit, dans lequel sont placés les moins de 25 ans, pèse lourdement. Les minima sociaux ne leur sont pas ouverts et les allocations d'autonomie pour la jeunesse restent un doux rêve. Sans filet de sécurité, ils passent donc de missions d'intérim en CDD avec l'espoir d'intégrer une entreprise. Ils mettent huit à onze ans pour décrocher un CDI alors que cette durée est de trois à cinq ans dans les autres pays membres de l'OCDE. Or, le CDI, c'est un sésame pour le logement, l'autonomie. L'opposition populaire massive au CPE[1] en 2006 a montré que les Français ne voulaient pas d'une précarité et d'une flexibilité accrues sur le dos des jeunes, qu'ils refusaient les contrats de travail au rabais.

Les non-diplômés prennent de plein fouet les effets de la crise. Cette « force de travail en pointillé », comme l'appelle le sociologue Michel Vakaloulis, ne voit pas de quoi son avenir sera fait. On

---

1. Contrat première embauche.

leur a parlé d'employabilité, de la nécessité de se vendre, de s'adapter. Les discours de l'entreprise insistent sur l'envie, le dépassement, l'implication. Il s'agit de faire preuve de docilité, de dévouement sans bornes pour qu'on vous accepte dans l'entreprise. Au bout de longues années d'instabilité. Mais quand on vous refuse la clé d'entrée, comment s'impliquer ? L'intérim, qui constitue la première marche pour la moitié des jeunes, est un vivier. Vous vous plaignez, vous êtes viré ! Vous êtes trop lent, trop faible, pas prêt à faire des heures sup ? Plus de travail ! Vous refusez trop souvent des missions ? L'agence ne vous rappelle plus. À peine dans l'antichambre du travail, ils sont éjectés et ne bénéficient pas d'une seconde chance.

Eux aussi ne sont pas à l'abri de la galère. Loin de là. On estime qu'un tiers des étudiants sont obligés de travailler pendant leurs études pour pouvoir vivre, tout simplement. Se nourrir et dormir dans un lit. Dans son enquête 2010, l'Observatoire de la vie étudiante indique que, sur les 2 200 000 étudiants recensés en France, 100 000 vivent sous le seuil de pauvreté, avec un niveau de revenus inférieur à 650 euros par mois. Parmi eux, 45 000 se trouveraient actuellement dans une situation de très grande pauvreté.

Un tiers des étudiants occupent un emploi régulier sans rapport avec leur niveau de qualification ou leur domaine d'études. Le problème des jobs étudiants ? Ce sont des mi-temps qui les empêchent de se concentrer sur leurs études. Ils doivent sécher des cours pour survivre. Pas facile de continuer de travailler quand on est gardien de nuit ou prendre sur ses heures de repos le week-end ou la totalité des vacances pour faire de l'animation.

Et que dire de l'inflation des stages gratuits ou mal rémunérés ? Un stage ne coûte presque rien à l'entreprise : pas de cotisations sociales, de congés payés ni de prime de précarité. C'est beaucoup d'argent économisé par rapport à un CDD. Les stages à rallonge après l'obtention du diplôme sont souvent de véritables emplois déguisés et parfois sans tuteur. Faire le boulot d'un titulaire pour quelques centaines d'euros par mois, voire gratuitement, est une pratique qui s'installe de plus en plus comme une norme. L'État semble y voir un phénomène marginal et se garde bien d'y mettre le holà. Les syndicats sont décontenancés par ces nouvelles formes de précarité, loin de leurs combats habituels avec les salariés en entreprise. Des mouvements comme « Génération précaire » ont porté ce phénomène au grand jour et exigé l'encadrement des stages par des professionnels expérimentés. D'ailleurs, en 2008, quelques améliorations ont été conquises, comme la rémunération obligatoire des stages de plus de trois mois pour un minimum de 380 euros net par mois, soit 31 % du Smic. Allez vivre avec ça… Mais la logique de fond n'est pas enrayée : les stagiaires sont souvent considérés comme une aubaine pour les entreprises, comme des salariés au rabais.

L'INTELLO PRÉCAIRE

S'il est une figure nouvelle du peuple, c'est aussi celle de l'intello précaire, que l'on a publiquement découvert il y a une dizaine d'années[1]. Une masse sans nom avait enfin un visage et une voix : des pigistes, auteurs, nègres littéraires, chercheurs,

---

1. Anne et Marine Rambach, *Les Intellos précaires*, Fayard, 2001 et *Les Nouveaux Intellos précaires*, Stock, 2009.

employés de musée, ces salariés en contrat à durée déterminée, en contrat emploi-solidarité et professeurs vacataires par milliers. On connaissait les intermittents du spectacle, on découvre que la presse, la santé, la recherche et les musées ont aussi leurs soutiers.

Leur signe particulier ? Ils ont souvent bac + 4 ou plus et multiplient les diplômes. Bien sûr, les sans-grade de la culture, les poètes marginaux, les écrivains sans succès ont toujours existé… mais les intellos précaires sont un pur produit de la société néolibérale des vingt dernières années. Sortis des universités diplômes en poche, ces précaires ont frappé à la porte des entreprises et des institutions. On leur a dit de revenir plus tard, lorsque le papy-boom verrait partir des centaines de milliers de salariés à la retraite. En attendant, ils ont travaillé de bric et de broc, en jonglant entre les contrats à la semaine ou au mois, les enveloppes de la main à la main des éditeurs.

Au fil des années, les coupes ont lacéré la fonction publique, les postes qui devaient se libérer ont été supprimés, d'autres étudiants sont arrivés sur le marché. La concurrence s'est renforcée. Ils sont indépendants, peu visibles, prêts à baisser leurs prix pour décrocher le job… Un véritable rêve pour des entreprises avides de diminuer leurs coûts.

Ces travailleurs de l'intellect ne connaissent pas les tickets-restaurants, ne prennent pas de congé maladie. Ils cumulent les métiers pour gagner juste de quoi vivre. Au final, ils n'arrivent pas à vivre de leur passion.

Les entreprises en redemandent : voilà une armée de sous-payés et surqualifiés dans laquelle il suffit de piocher au gré de ses besoins. L'État n'est pas en reste avec les contractuels de la culture, les guides de musée obligés de cumuler jusqu'à cinq contrats différents pour pouvoir vivre. Ou encore l'Éducation nationale qui multiplie les contractuels et vacataires, des étudiants ou recalés du Capes qui travaillent comme des enseignants mais n'en ont ni le statut ni la rémunération. Embauchés par les rectorats, ils font office de bouche-trous avec des contrats allant de quelques semaines à une année entière. Sans aucune garantie pour le futur. Payés « à l'heure effective » devant les élèves, dans la limite de 200 heures annuelles, ces « profs klee-nex » n'ont droit ni aux congés payés ni aux allocations chômage ni même à une quelconque couverture en cas d'accident du travail. C'est de l'intérim dans son fonctionnement... La prime de précarité en moins. L'hypocrisie fonctionne à plein régime lorsque le gouvernement déclare résorber la précarité en diminuant le nombre de postes de professeurs aux concours. Au total, prenons conscience d'une réalité inacceptable : dans les trois fonctions publiques (État, collectivités locales, hôpital), 800 000 personnes sont employées en CDD. Il est temps qu'elles basculent en contrats stables.

L'EXPLOSION DES TRAVAILLEURS PAUVRES

Au total, nous sommes face à l'explosion désormais bien connue des travailleurs pauvres. Ils — et surtout elles — se comptent par millions. De plus en plus souvent, le travail ne suffit plus pour vivre décemment. Jeunes ou âgés, salariés, ouvriers, fonctionnaires, artisans, précaires, agriculteurs, bouche-trous utilisés dans les petits boulots... Tous les métiers sont touchés. Ce sont celles et ceux que l'on n'entend pas, que l'on ne voit pas mais qui souffrent dans leur vie quotidienne pour se loger, se nourrir, s'habiller, se soigner, se cultiver, se divertir. On leur avait dit à l'école : « Si tu es bon élève, tu auras du travail et tu t'en sortiras. » Balivernes… Pourtant, le commandement n'a pas changé aujourd'hui. « Travaille, mais travaille donc. Fais n'importe quoi pour ne pas être un mauvais pauvre, pour ne pas être assisté, répète la droite. Et ne regarde pas les conditions de ton travail. » Alors, ils travaillent. Ne s'en sortent pas mais continuent. C'est une vie constamment sur le fil ou dans les dettes, les emprunts, l'étranglement qui ne permet jamais de respirer, d'avoir des projets et de les réaliser.

Les Français ont mal à leur travail. Le rapport du médiateur de la République sur l'état de la société française en 2009 parlait d'une « société dépressive ». Dans son rapport de 2010, il n'hésite pas à évoquer une « société au bord du burnout », à la limite de la rupture. Tout comme les salariés touchés par une épidémie qui prend une ampleur inquiétante en France. Douleurs cervicales, tendinites de l'épaule, arthrose du coude… Les troubles musculo-squelettiques sont déjà la première cause de maladies professionnelles dans l'Hexagone[1].

Si les ouvriers et les employés sont les plus touchés du fait des tâches répétitives, tous les salariés subissent des contraintes de plus en plus fortes. Alors oui, les souffrances physiques sont les plus fréquentes. Mais elles s'accompagnent aussi de douleurs psychologiques, qu'il s'agisse d'un stress important ou de harcèlement moral. Le nœud du problème, c'est l'aggravation de ces contraintes, à la fois physiques et mentales.

L'arrivée depuis vingt ans d'un nouveau productivisme, le productivisme réactif, a changé la donne. Pour les entreprises, le travail devait se réorganiser avec réactivité, souplesse et flexibilité. Le mot d'ordre était à la polyvalence, la polycompétence, aux équipes autonomes, le juste-à-temps et la qualité que vantaient les journaux économiques. Le meilleur des mondes technologiques devait, bien sûr, accompagner cette route du progrès sans fin.

---

1. Les problèmes psychologiques ne représentent qu'environ 20 % des maladies du travail répertoriées en Europe. Voir Philippe Askenazy, *Les Désordres du travail*, Seuil, 2004.

Grâce à l'informatique, on produirait au plus juste en éliminant les stocks, l'information circulerait d'un bureau à l'autre… Le travailleur, au lieu de se contenter d'une tâche isolée, disposerait d'autonomie dans son travail et réaliserait des « projets » en équipe. Au final, le paradis était proche avec des entreprises qui amélioreraient leurs performances, des consommateurs qui bénéficieraient de produits selon leurs désirs et des salariés à l'emploi plus valorisant.

Sauf que, sauf que… Au fil des années, les conditions de travail se sont dégradées. Obnubilées par les ratios financiers, les entreprises ont oublié l'humain. Travailler n'est pas seulement vendre sa force de travail au meilleur (ou moins mauvais) salaire, c'est aussi une relation sociale qui engage tout l'être humain. Il a fallu en 2007 cinq suicides d'ouvriers chez Renault pour que la dureté extrême du monde du travail saute au visage du téléspectateur du 20 Heures. Les syndicats avaient beau mettre en garde depuis des années sur la montée de la douleur chez les salariés, rien n'y avait fait. Les affidés du patronat les avaient renvoyés dans les cordes. Mais on parlait là de conditions de travail devenues insupportables, conduisant à la mort de personnes. Discours, promesses, indignation, la machine à parler s'est aussitôt mise en branle. Puis le silence.

Et pourtant, en 2009, la même horreur se répéta chez Orange où, cette fois-ci, ce furent vingt-cinq salariés qui mirent fin à leurs jours. Le P-DG fut remplacé mais la direction ne mit pas un terme à ses restructurations destructrices les mois suivants. Les médecins du travail d'Orange, qui avaient, en vain, tiré la sonnette d'alarme chez l'opérateur téléphonique, démissionnèrent tous. Comment la direction répondit-elle à cette souffrance ? Par des numéros verts, des « tickets psy ». La remise en cause des conditions de travail n'a pas eu lieu. Les mêmes pratiques ont perduré au nom de problèmes individuels et non collectifs qui auraient conduit à ces suicides.

Le nombre de psychologues augmente dans les entreprises pour répondre au stress et à la pression. Mais les ouvriers, techniciens, infirmières, postiers, hôtesses de caisse en supermarché, ont d'abord besoin de reconnaissance dans leur travail, de la prise en compte de l'ergonomie de leurs bureaux, de vraie communication. La « modernité » capitaliste, en période de crise et d'intensification des conditions de travail, ne permet pas cette reconnaissance, cette fierté de ce qu'on réalise. La concurrence est la loi implacable des patrons et des actionnaires qui tendent à l'imposer aux salariés entre eux, à travers l'évaluation des performances, la compétition. Le travailleur a le sentiment d'être un pion dans un système qu'il ne maîtrise pas.

PRÉCAIRES, OUVRIERS, EMPLOYÉS : MÊME COMBAT

J'entends ici et là opposer l'intérêt de ces catégories précaires à ceux qui bénéficient d'un emploi stable. Le lien est en réalité ténu. En effet, la masse des employés et ouvriers en CDI subit de plein fouet les méfaits d'un chômage de masse et d'une précarité galopante. Pour eux, les images des précaires à la télévision ne sont pas celles d'un autre monde, d'un ailleurs qui fait peur. Elles les touchent, elles atteignent un membre de leur entourage, de leur famille. Elles fonctionnent comme un horizon qui menace tout un chacun. Là réside le prétexte au recul de leurs salaires et à la détérioration de leurs conditions de travail. Et ce ne sont pas les oppositions permanentes entre privé et public qui vont rassurer quiconque. À chaque agression gouvernementale sur les ministères de l'Éducation nationale, de la Santé, de la Culture, ce sont les catégories populaires, dans leur diversité, qui paient les conséquences.

La peur de perdre son emploi, son statut, le déclassement paralyse les salariés. Depuis quatre ans, la droite oppose les catégories les unes aux autres, le public au privé, les prétendus « privilégiés » des classes moyennes aux chômeurs. Elle multiplie les amalgames sur la « chance » d'avoir un travail et accroît d'autant la peur de le perdre. Le Medef a beau jeu d'accuser, plus qu'à demi-mot, les salariés d'être plan-plan, de se contenter de leur situation quand on ne parle que de s'épanouir au travail et de mobilité sociale. Il ne se soucie pas d'aider les salariés à jouer le jeu du changement, de la mobilité, de l'adaptation permanente. Contrairement aux idées reçues, le néolibéralisme n'est pas l'ami de l'initiative, ni individuelle, ni collective. L'insécurité régnante conforte le repli et la peur ;

elle mine la créativité et la mobilité. L'enthousiasme, le plaisir, le sentiment d'être utile, l'autonomie, le développement des savoir-faire sont autant de moteurs vertueux pour la production de richesses. L'angoisse de se retrouver sans emploi, sans revenus, fige de nombreux salariés dans des postes qui les rendent malheureux, et donc moins performants au travail.

Ces employés en CDI dont la situation paraissait stable jusqu'à la retraite commencent à douter. « Les classes moyennes sont un peu comme un sucre dressé au fond d'une tasse : si la partie supérieure semble toujours intacte, l'érosion continue de la partie immergée la promet à une déliquescence prochaine et inéluctable[1] », indique le sociologue Louis Chauvel. L'incertitude qui pèse sur les membres de cette catégorie dont les contours sont très flous la transforme en classe anxieuse. Ce qu'ils voient, année après année, c'est qu'il y a eu croissance mais pas pour eux, dont le pouvoir d'achat stagne, pas pour celles et ceux qui travaillent mais pour les rentiers et les classes possédantes.

---

1. Louis Chauvel, *Les Classes moyennes à la dérive*, Seuil, 2006.

Face aux coups de couteau qui taillent dans les acquis sociaux, les salariés en CDI vivent en pleine insécurité sociale. Leurs protections sont grignotées. C'est collectivement qu'ils craignent la chute, la « peur du déclassement ». Quand on voit son voisin de bureau licencié dans le cadre d'un plan social, la peur plane : peut-être un signe avant-coureur. Celui de la crainte de tout perdre, et surtout son statut. Car le déclassement est une mort sociale, une rupture qui menace l'avenir. Dès lors, le moindre doute sur la réussite de son enfant étudiant qui multiplie les stages sans s'insérer dans une entreprise, le moindre changement de bureau porte la menace de la chute.

Last but not least, le capitalisme contemporain porte une attaque virulente contre notre identité, notre liberté, notre désir. Sa nouvelle promesse pour nous mettre au travail, à son service, dit en substance : « Tu te réaliseras par l'entreprise, tu es l'entreprise. » Illustrons par un exemple anecdotique mais révélateur cette évolution de fond : le contrôle de nos affects et de notre liberté dans l'entreprise. Depuis la crise des subprimes, le secteur bancaire a besoin de redorer son blason. Alors

UBS, l'ex-première banque suisse, a produit un code de conduite vestimentaire de quarante-quatre pages pour ses mille cinq cents salariés au contact de la clientèle. Une question d'image et de réputation car le sérieux et la rigueur se nichent dans les moindres détails de l'apparence. Et avec ça, chez UBS, on ne plaisante pas. Par exemple, « les couleurs anthracite, noir et bleu foncé symbolisent la compétence, le formalisme et le sérieux ». Finis les signes extérieurs de richesse, les boutons de manchettes rutilants, les montres clinquantes ou les ceintures de marque. Finies aussi les quelques échappées de « *casual wear* », ces tenues décontractées importées des États-Unis à la fin des années 1990. C'est le retour à la rigueur. C'est la crise et les banquiers doivent se fondre dans le paysage pour mieux engranger les profits, « satisfaire les clients et les actionnaires », comme ils disent. Le document affiche clairement l'ambition : « Notre apparence extérieure fait office de communication non verbale et en dit long sur notre personnalité. » Ainsi, le respect du *dresscode*, qui est obligatoire, « contribue à communiquer nos valeurs et notre culture ». Tout semble devoir concourir à ce que l'identité des individus se fonde dans celle de l'entreprise. En l'occurrence, c'est au centimètre près que cette adéquation doit se produire. Là où les pressions implicites et l'intériorisation des codes et normes suffisent à forger une grammaire identitaire de l'entreprise, les recommandations sont d'une précision déconcertante. Pour les femmes, explique sans rire le document, « la jupe ne doit pas remonter quand vous marchez » et « sa longueur idéale se situe au milieu du genou et peut descendre jusqu'à 5 cm en dessous du genou » ; « la hauteur des talons ne doit pas dépasser 7 cm ». Les poches des vestes doivent restées vides pour ne pas être déformées. En position assise, vous êtes priées de toujours laisser ouverts les boutons de la veste. Ou encore : « Lorsqu'il fait très chaud, et après validation de votre supérieur hiérarchique, il est possible de ne porter que le chemisier avec le pantalon ou la jupe. » Oubliez les tongs ou les lunettes de soleil sur la tête, c'est interdit. Les tatouages, les piercings ou le vernis bleu, même combat : ils sont formellement proscrits. Comme l'ail ou l'oignon, qui donnent mauvaise haleine. Summum des recommandations : en dessous des chemisiers blancs, il faut porter des sous-vêtements de couleur chair, en microfibre de préférence. Les hommes ne sont pas en reste. Leurs sous-vêtements ? Uniquement des maillots de corps. Le costume ? Attention : « Le col doit épouser correctement votre morphologie et aucun pli ne doit se former sous la nuque. […] La veste doit couvrir complètement votre postérieur. Veillez à ce que le bas de votre pantalon forme un léger pli juste au-dessus de la chaussure. » L'addition est salée. Elle fait penser à ces guichetières de La Poste qu'Yves Clot, psychologue du travail, cite notamment dans *Le Travail à cœur*[1] : le « formateur » leur demande de cesser de se mettre à la place du client parce qu'elles doivent considérer qu'elles sont la Poste. C'est en ces termes qu'il le leur dit. Avec UBS, on passe à une étape supplémentaire : il ne faut plus être soi-même. Ni dessus, ni dessous.

---

1. Yves Clot, *Le Travail à cœur*, La Découverte, 2010.

III

LE PEUPLE ET SES TERRITOIRES

De nombreuses raisons ont concouru à l'éclatement du monde populaire. Les transformations du travail, la diversification sans fin des statuts, et avec eux des rythmes de vie. Prendre la mesure de ces évolutions, c'est travailler à un projet, un discours qui permette une recomposition de ce peuple divers dans ses représentations et dans sa vie concrète.

Ce ne sont pas seulement les dimensions les plus classiquement sociales qui minent le collectif des travailleurs et l'unité du peuple. Les transformations urbaines y contribuent elles aussi. Au point qu'ici et là, la ségrégation urbaine est rendue responsable de cet éclatement. Cette analyse pointe avec justesse l'impact politique du développement urbain. Poussons-la. Nous ne pouvons croire qu'un « retour » à la ville socialement mixte soit au cœur de la question posée : cette ville-là n'a jamais existé. Elle est un mythe. Même au temps où les villes rassemblaient en leur sein des couches plus diverses de population, il n'est pas vrai que toutes les catégories partageaient le même territoire. Certes, dans les grandes villes habitaient les ouvriers et les aristocrates, les demoiselles de magasin et les industriels. Mais ils ne vivaient ni dans les mêmes immeubles, ni dans les mêmes quartiers. Le remuant et révolutionnaire faubourg Saint-Antoine était à bonne distance de Saint-Germain-des-Prés ou des lotissements de rapport de l'ouest parisien. Et les distances, alors, constituaient des défenses.

En revanche, le peuple qui œuvrait dans les ateliers puis dans les grandes usines se retrouvait dans les bistroquets, les boutiques, les rues, les lavoirs. La communauté de travail trouvait dans la ville son prolongement. À Roubaix, à Saint-Denis, au Creusot, à Clermont-Ferrand, à Lyon… l'espace public était dominé par la vie de la mine ou de l'usine proche, par leurs rythmes, leurs conflits. La ville a toujours constitué un maillon de la construction du monde populaire. Elle était son réceptacle et l'un des lieux d'expression de sa culture et de sa force politique. C'est dans les rues que se construisit le grand rapprochement des peuples de gauche qui a porté le Front populaire. C'est dans les ateliers et les magasins que se sont gagnés les congés payés. Et c'est sur la place que se fêtent le souvenir de 1789 et les nouvelles conquêtes sociales.

Les formes de sociabilité, de culture populaire ont trouvé leurs couleurs, leurs mots, leurs saveurs dans l'espace public, villageois puis urbain. Le communisme français a dû son ancrage et son expansion dans sa capacité à s'inscrire dans les deux espaces du peuple, le lieu du travail et le lieu de vie. La double matrice communiste, syndicale et municipale, y a fabriqué son influence durable. La modernité des constructions, des services publics, la défense des mal-lotis par les municipalités ouvrières ont participé à l'essor de ce nouveau peuple urbain, débarquant dans les banlieues. Ce double ancrage de l'action politique, celui du travail et de la ville, a donné au peuple sa dignité et sa place dans la communauté nationale.

Le monde du travail a évolué au point de faire exploser les statuts, d'atomiser les lieux de production… La ville a connu, elle aussi, des transformations de même ampleur. L'espace urbain contribue à la modification de la figure populaire… et à son éclatement. Comme pour les évolutions profondes qui affectent le travail, la diversification des espaces de vie est un fait durable. Les catégories populaires habitent les petites villes, les quartiers populaires des grandes villes, les banlieues, les lointains territoires suburbains. Leur logement est collectif ou individuel ; ils en sont locataires ou propriétaires… Autant de réalités qui définissent les cadres de la vie concrète et de ses représentations. Le lien quotidien entre le collectif de travail et le lieu de résidence n'existe plus.

UNE CITÉ RECONFIGURÉE

La place du logement ne cesse de croître comme facteur de différenciation à l'intérieur du monde populaire. L'écart est grand entre celui qui est pleinement propriétaire de son logement, celui qui est endetté au-delà des limites du supportable, le locataire d'un logement HLM et celui qui loue au prix fort son appartement dans le parc privé. Le sentiment de sécurité ou d'insécurité n'est pas le même. La perte de l'emploi, la précarité des revenus ou même la journée de grève n'ont pas les mêmes conséquences. Les inquiétudes face aux retraites lui sont fortement corrélées. Au jour le jour, le reste à vivre varie considérablement entre deux ouvriers selon la solution qu'ils auront pu apporter à cette question. À cela s'ajoute la différence très grande entre les générations. Les plus jeunes sont placés devant un casse-tête pour se loger… et l'accès à la propriété devient impossible. Pour répondre à cette attente et à cette inquiétude massive, une politique ambitieuse du logement s'impose. Construire massivement, lutter contre la spéculation foncière, financer davantage le logement social, plafonner les loyers, imaginer un service public du logement est une question d'égalité, de sécurité… et un enjeu politique. Ces ruptures nécessaires auraient des effets positifs pour rapprocher ceux et celles qui, à l'intérieur de mêmes catégories sociales, subissent aujourd'hui des écarts de vie injustes.

Mais le logement n'est pas séparable de l'endroit où il se situe. Le lieu de résidence influence la vie et l'idée que l'on se fait de sa place dans la société et de son avenir. La politique ne regarde pas assez la question urbaine, dans sa globalité. Évidemment, je sais l'investissement des élu-e-s locaux. Mais j'observe que, malgré la connaissance et l'engagement de ces centaines de milliers d'élu-e-s dans les territoires, les partis politiques ont peu à dire sur les dynamiques, les évolutions à l'œuvre partout en France et qui sont pourtant lourdement présentes dans l'esprit de nos concitoyennes et concitoyens.

Les mutations enregistrées, physiques et sociales, ne sont pas toujours perçues, comprises à leur mesure sans doute parce que les mêmes mots sont employés pour des réalités qui ont beaucoup changé. Ainsi, une même ville, Montluçon, Châtellerault, Saint-Dizier…, en apparence inchangée, n'a plus la même réalité quand l'industrie se rétracte, que le tribunal ferme ou que les services publics se contractent. Dans les grandes villes, les centres villes se sont beaucoup vidés de leurs ouvriers et de leurs employés. Le quartier de Belleville ou celui de la Joliette sont désormais habités par de nouvelles couches sociales — artistes, créateurs… — et par les plus pauvres d'entre les pauvres. Mais surtout la place relative de chacune de ces villes a beaucoup évolué. Les petites villes sont sur le déclin tandis que les grandes absorbent l'essentiel de la dynamique démographique et de la création de richesses. Hier encore, la France était un pays de maillage urbain et les petites et moyennes villes étaient des lieux d'organisation du territoire, de l'Hinterland[1], comme disent les géographes : elles détenaient une part du pouvoir. Désormais, ce pouvoir lui-même disparaît. Leurs habitants se sentent échoués.

Le déclin de ces villes se double de lourdes difficultés sociales pour leurs habitants. Comme l'avait montré un très beau reportage du *Monde diplomatique* sur les néo-ruraux[2], celles et ceux qui quittent les grandes villes pour des raisons sociales n'y reviennent jamais. La métropole est devenue une nouvelle frontière. Depuis la fin des années 1990, plus de 80 % des ménages s'installant dans les campagnes disposent de revenus modestes, c'est-à-dire qu'ils sont éligibles au parc social. Près de la

---

1. Arrière-pays.
2. Gatien Elie, Paul Vannier et Allan Popelard, « Exode urbain, exil rural », *Le Monde diplomatique*, août 2010.

moitié d'entre eux sont précaires ou pauvres, pouvant prétendre au parc très social de type PLAI (Prêt locatif aidé d'intégration), pour reprendre la dénomination administrative[1].

Ces changements ne sont pas visibles à l'œil nu. Les rues, les bâtiments pour l'essentiel sont restés les mêmes. Retapés parfois, moins attractifs ailleurs. La banlieue non plus n'a pas un visage bouleversé. Pourtant, dans la plupart des grandes villes françaises, la banlieue vient de connaître une transformation considérable avec ce que l'on appelle la métropolisation. Ce phénomène, qui a à voir avec notre modernité dominée par la mondialisation capitaliste, tend à concentrer dans les grandes villes tous les enjeux économiques et de pouvoir. La région parisienne y tient une place particulière : elle est l'une des métropoles de rang mondial comme il en existe moins de dix sur la planète. Cette métropolisation tend à intégrer l'ensemble des territoires dans un même espace unifié. Cela ne signifie pas que

---

1. Données rappelées par le géographe Christophe Guilluy dans un ouvrage collectif, *Plaidoyer pour une gauche populaire*, Le bord de l'eau, 2011.

les disparités aient été gommées, ni que les ségrégations n'y soient plus à l'œuvre. Mais cette dynamique n'est plus celle qui dominait jusqu'alors et qui séparait radicalement les centres des périphéries. La métropolisation désigne une nouvelle réalité perçue, vécue, par les habitants de la banlieue. Pour des raisons aussi de spéculation foncière, les territoires de la périphérie hier délaissés, enclavés, maltraités rentrent dans le droit commun de la ville. Le phénomène décrit il y a cent cinquante ans par Friedrich Engels dans *La Question du logement* trouve son expression à une échelle élargie, celle de la métropole : « L'extension des grandes villes confère au terrain, dans certains quartiers, surtout ceux situés au centre, une valeur artificielle, croissant parfois dans d'énormes proportions ; les constructions qui y sont édifiées, au lieu de rehausser la valeur, l'abaissent plutôt, parce qu'elles ne répondent plus aux conditions nouvelles ; on les démolit donc et on les remplace par d'autres. Ceci a lieu surtout pour les logements ouvriers qui sont situés au centre et dont le loyer, même dans les maisons surpeuplées, ne peut jamais ou du moins qu'avec une extrême lenteur, dépasser un certain maximum. On les démolit et à leur place on construit les boutiques, les grands magasins, des bâtiments publics[1]. » Quelle ressemblance avec une description des objectifs de certaines politiques urbaines qui imposent la démolition de logements sociaux collectifs, comme celle conduite par l'Agence nationale pour la rénovation urbaine (ANRU) ! Pour autant, contrairement au Londres des années 1870, la région parisienne du XXIe siècle a hérité d'un nombre insuffisant mais significatif de logements sociaux au cœur même de la zone dense. La proportion de logements sociaux dans les résidences principales en Île-de-France s'élève à près de 25 %. Elle approche les 20 % à Paris ; elle est de l'ordre de 31,5 % en petite couronne (la Seine-Saint-Denis se détache toujours nettement avec près de 37 % de logements sociaux) et de 22 % en grande couronne.

Ce processus de métropolisation a des conséquences dans la structuration même de l'espace : la coupure moderne qu'a constituée le boulevard périphérique à Paris s'estompe. Cette « intégra-

---

1. Cité par David Harvey, *Le Capitalisme contre le droit à la ville. Néolibéralisme, urbanisation, résistances*, Éditions Amsterdam, 2011.

tion » de la banlieue se double d'enjeux sociaux, notamment celui du maintien des catégories populaires dans cet espace central élargi, maintien qui passe par le développement du logement social. C'est une question d'égalité. C'est aussi un enjeu politique de taille : si nous voulons inventer un autre monde, une autre mondialisation, nous devons promouvoir des métropoles habitées, modelées par les catégories populaires. Pour ce faire, l'implantation de logements sociaux ne suffit évidemment pas, en particulier parce que cet espace n'est pas construit politiquement, démocratiquement. Il n'est pas pensé. Il est rarement l'objet de lutte à cette échelle et n'a pas d'existence institutionnelle. C'est devant nous. Et le rapport de force n'est pas si négatif pour l'appréhender.

Cette mondialisation se traduit aussi dans le déclin des petites villes qui n'ont pas les atouts des grandes pour jouer leur carte dans la grande concurrence des territoires. Il faut mesurer les effets sur les constructions politiques de telles bifurcations. L'avenir ne se présente pas de la même façon pour l'habitant d'une ville moyenne aujourd'hui en déclin et pour le banlieusard qui anticipe l'arrivée du métro ou du tramway dans son quartier. Ils vivent dans des lieux qui ne sont pas sur les mêmes trajectoires, ce qui a des conséquences à tous les niveaux. J'avance l'hypothèse que la révolte des banlieues de l'hiver 2005 était l'une des premières manifestations politiques de ce phénomène de métropolisation. Elle exprimait une impatience devant une réalité toujours tangible, celle des inégalités territoriales et sociales. Mais elle disait aussi combien cette réalité est devenue inacceptable, illégitime. Comme en temps d'embellie économique qui donne la force aux salariés de réclamer des améliorations sociales, les jeunes des banlieues ont senti que la métropolisation en cours leur offrait la possibilité de contester ces inégalités[1].

Le droit à la ville

Cette trajectoire des lieux où se concentrent les catégories populaires d'aujourd'hui participe à leur éclatement. Elle n'aide pas à la construction d'une

---

1. Voir l'ouvrage collectif *Banlieues, lendemains de révoltes*, Regards/La Dispute, 2006.

communauté de projet. Pour cette raison, une politique qui parle à toutes et tous suppose nécessairement une dimension urbaine. Le droit à la ville en est l'un des fondements. Cette idée formulée pour la première fois dans les années 1960 par le philosophe marxiste hétérodoxe Henri Lefebvre — et que le monde entier reprend aujourd'hui — doit être comprise dans son double sens. Celui du droit pour chacun, chacune d'accéder aux services de la ville et celui de décider de la construction de la ville. Il s'agit donc à la fois d'un droit social et d'un droit politique.

Le droit à la ville doit s'entendre comme la possibilité pour chacun de bénéficier des attributs de la ville : ses lieux de culture, de formation, de santé. Ce droit à la ville a bien sûr une dimension subversive à l'heure où ces services sont encore socialement restreints. Ce droit à la ville porte aussi une dimension symbolique : c'est dans l'espace public, dans la ville-centre, que s'exprime l'exigence politique. Internet est bien un nouvel espace public d'information et de débat. Il est un outil efficace d'organisation. Mais les grands moments politiques se jouent dans la rue et sur la place. On l'a vu toute l'année 2011 avec les révolutions arabes et le mouvement des Indignés. À Damas, à Moscou, à Wall Street, à Madrid, partout, le peuple se fait entendre en occupant l'espace public central.

Enjeu d'égalité et de représentation, la grande ville est aussi le lieu où s'invente, se finance, se conçoit, se fabrique l'essentiel de la production contemporaine. Des urbanistes, des intellectuels emploient cette formule imagée qui condense bien le défi pour la gauche : « La ville est l'usine du XXIe siècle. » Car dans ce lieu se joue la répartition de la richesse et du pouvoir. Ici se construisent les hégémonies culturelles et politiques. Pour tout dire, dans la grande ville se dessine le type de société, y compris ses rapports avec le reste du territoire. La grande ville va-t-elle créer un désert français comme l'a systématiquement enclenché la politique de Nicolas Sarkozy, cohérent avec lui-même et son adhésion à la mondialisation libérale et à la concurrence forcenée de tous contre tous et donc des territoires entre eux ? On ne peut tout à la fois rêver de damer le pion à la City de Londres avec un grand projet pour La Défense 2 et maintenir un réseau de villes dans les territoires. Sarkozy a la conviction que l'avenir, la modernité sont dans l'hyperconcentré, l'hypertechnicité. Il réunit donc les hôpitaux, les universités, les tribunaux. Il démantèle les casernes, ferme des gares et réduit les dessertes de train. Comme si, hors TGV et avion, il n'y avait point de salut ! Comme si la société marchait pour et par les classes supérieures.

La définition de la ville est l'un des enjeux pour l'invention d'une autre modernité. Son partage est tout à la fois un objectif pour que le peuple occupe sa place d'acteur de la modernité et pour que cette modernité soit imprégnée des valeurs, de l'histoire, de la culture populaires. Une métro-polisation humaine, désirable, a besoin de la créati-vité populaire comme le peuple a intérêt à imprimer cette création de richesses. Dans la production des biens culturels, les goûts, les pra-tiques populaires et singulièrement celles issues des banlieues sont déjà très influentes. Ces cultures qui sont emportées dans les bagages des immi-grés — étudiants, enfants ou travailleurs — et des artistes du monde entier qui se croisent dans les grandes villes dessinent les contours de nos vies. C'est, en partie, déjà le cas. De grands plateaux télé s'instal-lent en Plaine-Saint-Denis ; les concepteurs de dessins animés, de jeux vidéo sont à Montreuil ou à Ivry. Les ateliers d'artistes, de créateurs de mode, de designers ont trouvé un écosystème favorable à leur activité dans les quartiers et les villes populaires. On aurait tort d'opposer ces « bobos », comme on les appelle bien souvent, aux catégories populaires. En s'installant dans ces villes encore marquées par leur poids social, mais aussi par l'histoire et la combativité du peuple, ces intellectuels, ces créateurs qui partagent déjà bien souvent la précarité de vie partagent aussi la ville, et donc la vie quotidienne. Que cette rencontre soit possible dans l'espace commun de la ville est une grande chance pour que le peuple ne soit pas marginalisé symboliquement, culturellement, politiquement. C'est même sans doute l'une des conditions du maintien de son influence.

Mais l'espace public de la ville, bien que gratuit et ouvert à tous, n'est pas accessible de façon égale. Les barrières mentales doivent tomber. Pour que les enfants de Drancy viennent à Paris, il faut qu'ils s'y sentent chez eux ! Le peuple ne doit pas seulement être consulté pour la transformation de son quartier, mais aussi sur le devenir de la métropole.

Et, à l'image des préoccupations des écologistes qui se sont concrètement traduites en exigences pour l'espace public avec les nécessaires économies d'énergie, d'eau, l'indispensable préservation de la biodiversité, il nous faut inventer l'espace public qui supporte les pratiques populaires d'aujourd'hui. C'est la condition de son authentique appropriation à égalité. C'est la condition de la rencontre.

Ici, nous touchons à une dimension rarement explicite : celle du mépris latent qui affecte la culture populaire et ses lieux de vie. C'est étonnant comme ils ont toujours fait l'objet d'opprobre. Les appartements des faubourgs parisiens ou lyonnais, des quartiers marseillais qui s'achètent aujourd'hui à prix d'or étaient déconsidérés il y a peu. Le pavillonnaire de l'entre-deux-guerres, celui qui accompagne le développement de l'industrie, souvent issu de l'autoconstruction, était assimilé à une nappe urbaine informe. Les grands ensembles d'après-guerre sont aujourd'hui encore considérés comme « criminogènes » pour reprendre le terme inventé par Michel Rocard, Premier ministre. La démolition, l'éradication, le mépris ont été dominants et se sont inscrits dans des politiques publiques souvent violentes à l'égard de leurs habitants. L'implosion des barres comme spectacle pour la télévision a gangrené les représentations. Cette mise en scène, ce processus violent a particulièrement concouru à effrayer les habitants de pavillons vivant aux limites des grands ensembles et qui ont vu ces territoires et leurs habitants comme des dangers. La crainte de la déchéance se matérialise dans la peur du grand ensemble… Pour refaire « ville ensemble », refaire société ou reconstruire l'unité du peuple, il n'y a pas d'alternative à la reconnaissance de la dignité populaire. Cela suppose de faire place à ses cultures, à tous ses lieux de vie, à ses histoires politiques. Or de nouveaux acteurs émergent dans les quartiers pour porter cette exigence de dignité. Ils ont souvent marché il y a trente ans pour l'égalité, s'appellent aujourd'hui « Ac ! le feu » ou « FSQP-Forum social des quartiers populaires ». Tous disent leur volonté de parler par eux-mêmes et pour eux-mêmes. Ce sont des acteurs politiques de plein droit que la gauche ne peut continuer d'ignorer ou de tenir à distance, quand bien même ils et elles expriment vertement leur réalité et leur vision.

Une politique ancrée sur les réalités et les dynamiques sociales ne saurait faire l'impasse sur les dimensions spatiales, en particulier s'il s'agit d'être dans la reconstitution d'un peuple unifié. Je rejoins ici les remarques de David Harvey, géographe marxiste américain, qui porte un regard ample sur les lacunes de la gauche occidentale, pas seulement française. Il assure « qu'en commémorant le centenaire de la publication du *Capital* par un essai *Le Droit à la ville*, l'intention de Henri Lefebvre était certainement de provoquer la pensée marxiste traditionnelle, qui n'avait jamais accordé à l'urbain une grande importance dans les stratégies révolutionnaires, bien qu'elle ait mythologisé le Paris de la Commune. [...] En réalité, la structure de pensée chez les marxistes est fâcheusement similaire à celle des économistes bourgeois. Les urbanistes sont considérés comme des spécialistes, alors que l'essence véritablement significative de la théorie macroéconomique marxiste serait à chercher ailleurs[1] ».

---

1. David Harvey, *Le Capitalisme contre le droit à la ville. Néolibéralisme, urbanisation, résistances, op. cit.*

Harvey redonne à la question urbaine sa dimension globale, éminemment politique. Il signale un vaste champ de réflexions et de connaissances : il faut s'y atteler.

IV

Un projet fédérateur

L'unité du peuple ne tient pas à sa souffrance mais se nourrit de son espérance. Les catégories populaires des XIXe et XXe siècles se sont rassemblées dans la recherche d'un cadre social légitime, qui leur assure un statut stabilisé et une dignité reconnue. Cette quête n'a rien d'étonnant : tout combat contre la déshumanisation n'a de portée repérable que s'il exprime en même temps le besoin d'une société trouvant son ressort dans le développement des capacités humaines. Ce lien est déjà perceptible dans les combats contemporains, même si ce n'est parfois qu'en filigrane.

Quand les jeunes disent massivement, selon plusieurs enquêtes, leur envie de travailler dans le secteur public, ils traduisent leur aspiration à plus de sécurité professionnelle : cette revendication est en réalité subversive dans le monde du précariat. Elle signe également une quête de sens et de saveur dans l'emploi, en pointant la nécessité de se sentir utile et de créer du lien là où la société capitaliste fragmente et divise. Autrement dit, l'expression d'attentes nouvelles vis-à-vis du travail, des sécurités collectives et des biens communs dessine aussi en positif l'unité nouvelle qui tend à se construire.

CONTRE LE CAPITALISME, POUR L'ÉGALITÉ ET LA RÉVOLUTION CITOYENNE

Le socle des droits, conquis de haute lutte au moment du Front populaire et du Conseil national de la Résistance, n'avait pas mis fin aux inégalités mais en avait atténué la virulence. Il avait permis aux fragments multiples du monde du travail de se reconnaître dans un cadre commun, qui mettait fin à la longue extériorité de ces « classes dangereuses » que redoutait tant la bourgeoisie des premiers temps de la révolution industrielle. Ce temps n'est plus le nôtre. Le droit social s'est effrité. En vingt ans, dix points de PIB sont passés directement de la poche des salariés à celle des actionnaires, par un partage inégal de la plus-value au profit du capital et au détriment du travail. La spirale des inégalités a repris son rythme détestable, séparant à nouveau celles et ceux que la timide égalité d'hier avait rapprochés.

On peut déplorer l'éloignement du peuple vis-à-vis de la politique instituée. Mais l'espace public ferait un pas immense vers lui si les politiques choisies allaient vers la sécurisation des parcours professionnels, la continuité d'un statut et d'un revenu assurant à chaque individu de vivre dans la sérénité et la dignité. Le peuple que l'on cajole serait plus entreprenant civiquement si l'appel à la concurrence laissait la place à l'affirmation constitutionnelle des droits de la personne. Il ne vivrait pas dans le ressentiment si l'espace urbain où se noue son destin était valorisé et désenclavé et non pas ségrégué. Et ce n'est pas avec la logique territoriale des « pôles de compétitivité » que l'on bâtira la modernité vraie d'aujourd'hui et de demain, celle de la solidarité et de la responsabilité. Le peuple ne peut pas être un acteur de la citoyenneté si l'on accepte un tant soit peu l'idée que l'égalité est une vieille lune, ou l'antichambre de l'uniformité et du Goulag.

Le terreau de l'unification du peuple se situe précisément là où se sont acharnées les politiques néolibérales depuis trente ans. Celles-ci ont détricoté les sécurités collectives : l'unité se fera autour de la revendication d'un élargissement du socle des droits et sur la contestation du rapt sur la plus-value pour que le sort des producteurs et productrices de richesses soit amélioré, et non celui des rentiers. L'augmentation des bas salaires et des minima sociaux associée à l'encadrement des hautes rémunérations comme à la taxation des transactions financières peut constituer un horizon fédérateur, favorable à la mobilisation populaire. Nous devons retrouver le tranchant de la valeur d'égalité, si fondatrice historiquement à gauche.

Il serait criminel de ne pas le faire, alors que tant de possibilités existent pour aller dans cette voie. Le mouvement social de grande ampleur contre le projet de loi sur les retraites a révélé le potentiel.

En 2010, des millions de personnes sont descendues dans la rue, toutes générations confondues, du secteur privé et du public, pour contester la remise en cause du départ à la retraite à 60 ans et exiger le maintien du niveau des pensions. Au moment où la droite au pouvoir avait imposé son bouclier fiscal profitant aux plus riches, le peuple s'est mobilisé pour dire son attachement aux droits acquis et à un juste partage des richesses. Je me souviens d'un slogan arboré massivement dans les manifestations de l'époque : « Je lutte des classes. » Ce mot d'ordre est un bijou. Il dit le regain de combativité politique, la conscience retrouvée des antagonismes sociaux, la quête de dignité des catégories populaires. Il l'exprime avec la modernité de l'articulation entre le « je » et le « nous », quête conjointe de l'autonomie individuelle et de l'épanouissement collectif. À sa manière, ce message symbolise un processus de reconstitution d'une unité du peuple.

L'envie d'horizons nouveaux, moins étouffants et porteurs d'espérance, s'énonce également dans un autre slogan de notre époque : « Rêve générale. » Les Indignés espagnols affichaient sur leurs pancartes : « Nos rêves ne rentrent pas dans vos urnes. » Là encore, au moment où les discours dominants prônent le « réalisme » pour mieux nous enfermer dans les recettes néolibérales, c'est la projection dans un autre monde, plus juste, plus humain, qui créera de la cohésion. C'est l'ouverture d'un nouvel imaginaire qui libérera les énergies propices à la transformation sociale et écologique. La réalité d'aujourd'hui n'a pas besoin de « leur » réalisme, mais d'une conception nouvelle de ce qui est réaliste et de ce qui ne l'est pas. La course aux profits spéculatifs, aux flux d'argent et de marchandises, le consumérisme et le productivisme : là est le grand irréalisme de notre temps. Ce qui est au contraire réaliste, c'est ce qui permet le développement des capacités de chacune et chacun, le temps pour décider, librement, en toute autonomie, de sa vie comme de celle de la société tout entière.

Du désir et du sens

Le peuple d'hier s'est rassemblé dans la recherche du grand idéal de la « Sociale », cette République fondée sur l'égalité et sur la citoyenneté, où le sens de la vie n'est pas assigné aux individus mais se trouve produit par eux-mêmes. Or notre société a perdu de son sens, au travail comme dans la cité.

Aujourd'hui, ce qui frappe, c'est la perte de saveur au travail comme dans le devenir commun. Où va cette société qui court après les profits pour quelques-uns et ne donne pas les conditions d'une vie décente pour tous les autres ? Quel est le sens du travail s'il ne crée pas du lien, s'il frustre de reconnaissance et si ses fruits ne sont pas partagés ? Dans ce moment de crises multiformes, la tension est patente entre un mouvement de repli, dans lequel chacun tente de sauver sa peau, et l'aspiration grandissante au collectif protecteur, à la redéfinition d'un destin commun.

Nous vivons au rythme des désirs et des intérêts des détenteurs de capitaux. L'affaire Kerviel a récemment cristallisé ce méfait du capitalisme contemporain : il façonne et détourne nos désirs, et pas seulement pour nous transformer en consommateurs de marchandises. La solidarité manifestée sur la Toile pour Jérôme Kerviel a traduit les affects contre le monde de l'argent et les puissants. Elle a témoigné de repères bouleversés. Car ce trader n'est pas si facile à classer : si l'on suit les analyses de Frédéric Lordon[1], Kerviel est matériellement du côté du travail et symboliquement du côté du capital, comme de nombreux cadres aujourd'hui. Il ne s'est pas enrichi personnellement — c'est pour la Société générale qu'il a détourné et falsifié des millions. Mais il a épousé le projet patronal : son désir s'est confondu avec l'intérêt de l'entrepreneur. Jusqu'à s'y perdre.

Le mouvement des Indignés ne raconte pas autre chose. « Ce qui reste après le démontage des campements [...] c'est la prise de conscience profonde de l'injustice sociale que le capitalisme impose par la force[2] », observent Yves Citton, Anne Querrien et Victor Secrétan. Qu'est-ce qui unit les Indignés ? Pour l'historien François Cusset, c'est « un commun en négatif, lié à l'extrême précarité qui rapproche toutes les conditions, minoritaires et majoritaires, et efface les barrières

1. Frédéric Lordon, *Capitalisme, désir et servitude*, La Fabrique, 2010.

2. Yves Citton, Anne Querrien et Victor Secrétan, « Bienvenue aux indignés, mutins et luttants ! », *Multitudes*, n° 46, 2011.

culturelles et identitaires artificiellement placées entre les groupes sociaux. Cette précarité doit être comprise dans un sens socio-économique, mais aussi existentiel, voire esthétique[1] ». Derrière les doléances, les colères, les contestations, se nichent les revendications concrètes, les désirs, les utopies.

Rien ne sert de mythifier une réalité complexe et mouvante. Aucun mouvement actuel n'incarne à lui seul « le » peuple, pas plus celui des Indignés que celui des sans-papiers ou celui des entreprises industrielles sacrifiées sur l'autel de la « mondialisation » frelatée du capital financier. Mais tous disent, en pratique, l'ampleur de ce qui peut relier, tout à la fois, l'insatisfaction ou la colère, la demande concrète et l'espérance. Et tous montrent que, dans l'effort entrepris pour vivre enfin, se tisse la trame d'une nouvelle culture populaire, un clin d'œil sans nostalgie aux cultures d'hier, celles du travail et de l'habitat entremêlés, celles qui faisaient la fierté, la richesse et la créativité, non savante mais intelligente, du monde ouvrier.

---

1. Dans un entretien réalisé par Marion Rousset pour *Regards*, janvier 2012.

Mais pour que le lien aille jusqu'au bout, il faut, une fois de plus, créer les conditions pour que la « plèbe » devienne « peuple » politique. Et là encore, les pieuses invitations à la citoyenneté ne suffisent pas. Pour que les catégories populaires s'impliquent, encore faut-il qu'elles en aient les moyens. À quoi bon alors cacher pudiquement que les institutions actuelles ne le permettent guère ? Entendons l'exigence qui monte d'une révolution démocratique. Notre Ve République est à bout de souffle, les institutions européennes sont déconnectées de la volonté populaire, l'entreprise se referme sur le pouvoir des actionnaires. L'heure est aux ruptures pour que la démocratie sociale ne soit pas un vain mot, que l'espace institutionnel permette l'implication du plus grand nombre, que l'Europe soit politique, loin de la diplomatie entre États et de l'omniprésence technocratique. C'est la révolution citoyenne, dans toutes les sphères de la société, qui doit être à l'ordre du jour. C'est elle qui peut redonner de l'espoir et de l'élan au changement véritable. Elle passe par des réformes substantielles.

Quand la République accepte une dévalorisation massive de l'espace public, par la privatisation ouverte ou rampante, elle prive le peuple d'un lieu où la participation élargie des agents et des usagers pourrait rompre la tendance patronale et technocratique à l'ultraconcentration des mécanismes de décision. Quand toutes les institutions, des collectivités territoriales jusqu'à l'Europe, valorisent la « gouvernance », c'est-à-dire le pouvoir des élites, elles tournent le dos à l'implication élargie des citoyens. Flatter le peuple, l'inviter à voter de temps à autre pour, le reste du temps, le convier à laisser faire les « compétents » ? Voilà qui n'a aucun sens.

Caresser le peuple dans le sens du poil ne sert à rien. En revanche, quel ressort de créativité si l'on permettait aux classes dites « subalternes » d'être effectivement peuple ! Mais d'être peuple partout, et pas seulement l'espace d'un scrutin : peuple citoyen au travail, dans la cité et peuple monde. Car si la nation a été l'horizon pour fonder la souveraineté populaire de naguère, si elle reste un cadre incontesté de familiarité et de politisation démocratique, la citoyenneté moderne n'a d'avenir qu'en tendant à être conjointement locale, nationale, continentale et planétaire. La nation citoyenne fut naguère l'utopie réaliste d'un peuple aspirant à la citoyenneté. Faire déborder cet appétit de souveraineté vers les espaces supranationaux, à commencer par l'Europe… Cela reste une utopie ; elle est contredite par l'esprit de concurrence, le recul de l'espace public et ce qui reste de crispations identitaires. Mais cette utopie, au fond, n'est pas moins réaliste qu'hier celle de la nation. La place Tahir, la Puerta del Sol et le Wall Street des Indignés n'en sont-ils pas le signe tangible ?

Que la plèbe puisse devenir acteur politique central n'est pas qu'affaire d'institutions. En dehors du cadre légal, il faut que se constitue le réseau des structures modernes de politisation populaire. L'équivalent, en dynamisme, de ce que furent les structures du mouvement ouvrier… Ce n'est pas que, dans ce domaine, tout ce qui vient du passé soit voué à être mis au rancart. Associations, syndicats, partis gardent bien sûr leur utilité. Mais s'il ne sert à rien de vanter les mérites d'une illusoire table rase, rien ne serait plus dangereux que de sous-estimer la nécessité de repenser profondément des cadres de l'action collective.

Bien sûr, je n'ignore pas ce qui relève de la pure continuité. Ce n'est pas être marxiste « vulgaire » que de penser que l'histoire de toute société n'est que celle de la lutte des classes. Ce n'est pas s'abandonner à la pente de la « brutalisation » des sociétés que de penser que le conflit est l'âme du mouvement, et pas une des prémisses de l'anéantissement. Ce n'est pas être une passéiste invétérée que de penser, un siècle et demi après les intuitions du *Manifeste du parti communiste*, que le capitalisme est aujourd'hui l'obstacle majeur à tout progrès de l'humanité.

Mais si la subversion de l'ordre existant, et donc la « révolution » — remettre sur les pieds ce que le capitalisme a mis sur la tête —, reste un objectif incontournable, la révolution ne peut plus être ce qu'elle était. Le capitalisme reste le capitalisme, ni plus ni moins, mais il n'est plus celui des deux siècles précédents. Quant au sujet de l'émancipation, il est toujours du côté des dominés, mais il n'est plus le prolétariat d'hier.

Si les réalités sociales ont changé, le mouvement par lequel le peuple devient un acteur fondamental de l'histoire doit lui aussi changer. Je suis pour ma part persuadée que, pour pouvoir être « peuple », les dominés doivent parvenir à faire force politique, durablement. Une force politique qui pèse dans le débat d'idées, qui renforce les mobilisations sociales et qui investisse les institutions pour les transformer. Une force capable de renverser les logiques à l'œuvre, et pas seulement de les accompagner d'une pincée de social. C'est à gauche, franchement à gauche, qu'il faut du répondant. En créant un nouvel imaginaire, en inventant des formes inédites d'agrégation politique, en stimulant les coopérations entre le social et le politique, en s'emparant de la révolution technologique et en rendant possible l'alliage d'une cohérence d'ensemble et d'une diversité des cultures et des engagements. Le temps du parti guide est révolu. Les catégories populaires, le monde du travail et de la création portent aujourd'hui d'autres exigences à l'égard de la fabrication politique.

En route vers le monde d'après

Nous sommes au bout d'un monde. Les puissants s'accrochent aux branches pour sauver ce qui se meurt. Le capitalisme devait apporter démocratie et prospérité. Et voilà… Un cycle de récession sans précédent nous plonge dans le marasme économique et social. Les institutions politiques, qui ont capitulé devant les agences de notation et autres chiens de garde des marchés financiers, sont à bout de souffle. Qui l'eût cru ?

Marx sans doute… Si l'on en croit ce simple extrait du livre III du *Capital* : « La véritable barrière de la production capitaliste, c'est le capital lui-même. Voici en quoi elle consiste : le capital et son expansion apparaissent comme le point de départ et le terme, comme le mobile et le but de la production ; la production est uniquement production pour le capital, au lieu que les instruments de production soient des moyens pour un épanouissement toujours plus intense du processus de la vie pour la société des producteurs. » Dans un extrait de son discours de 1848 sur le libre-échange, Marx nous met en garde : « Ne vous en laissez pas imposer par le mot abstrait de liberté. Liberté de qui ? Ce n'est pas la liberté d'un simple individu, en présence d'un autre individu. C'est la liberté qu'a le capital d'écraser le travailleur. »

Les expériences de type soviétique ayant échoué, les tenants du « *There is No Alternative* » tenaient le bon bout. Mais l'heure des comptes est arrivée : leur système s'écroule. Le doute aurait pu, dû, les saisir quant aux bienfaits d'un néolibéralisme débridé, servant les actionnaires au détriment des producteurs de richesses. Que nenni. L'oligarchie, fidèle à ses intérêts, tient contre vents et marées et n'a pas l'intention de défaillir. En face, le peuple subira-t-il sagement ? C'est en tout cas lui, cette masse du plus grand nombre auquel on demande de payer la crise, qui est aujourd'hui redouté. Il n'y a qu'à voir le vent de panique qui a saisi les leaders européens quand Georgios Papandréou a eu l'idée de proposer un référendum au peuple grec pour lui demander son avis sur un énième plan d'austérité. Preuve que de la « classe laborieuse » à la « classe dangereuse », il n'y a qu'un pas, celui du mépris social.

Le refrain s'installe en haut pour mieux contenir la résistance qui grandit : la dette, la dette, la dette. Lancinante et asphyxiante, cette petite musique n'est rien d'autre qu'une préparation des cerveaux pour imposer les mesures de rigueur budgétaire et maintenir le pouvoir de la finance sur nos vies. Déjouer les termes du débat, comme nous l'avons réussi en 2005 au moment du référendum sur le traité constitutionnel européen, est un enjeu crucial. À l'époque, la pensée dominante enfermait le choix dans une vieille querelle : pour ou contre l'Europe ? La gauche du « non » a permis de centrer la controverse publique sur l'enjeu réel : pour ou contre cette Europe néolibérale ? Avec la dette et l'austérité, nous sommes devant le même type de défi. Nous avons à crédibiliser ce constat : la compression des dépenses publiques et des revenus salariaux alimente la crise et creuse les inégalités. Le problème central n'est pas la dette mais notre modèle de développement et nos rouages démocratiques à bout de souffle. Les remèdes apportés à la crise, dans un climat de consensus assommant, amplifient en réalité le mal. Plan de rigueur après plan de rigueur, nous sombrons dans la récession. Le cercle est vicieux, mortifère pour l'émancipation humaine. Comment en sortir ? Si une majorité l'exige, une issue heureuse, fondée sur le développement par l'activité, la révolution citoyenne et le partage des richesses peut se construire. C'est à cet objectif que travaille le Front de gauche[1] au sein duquel je suis engagée. C'est dans cet état esprit que nous soutenons avec détermination la candidature de Jean-Luc Mélenchon à la présidentielle. Il nous faut battre en brèche la résignation qui s'est pour une part installée devant ce prêt-à-penser martelé matin, midi et soir selon lequel une seule voie serait possible pour faire face à la plus grande crise rencontrée depuis les années 1930.

L'austérité ou la vie : l'alternative est posée. Soit nous plions devant le besoin du capital de s'accroître et laissons la main à l'oligarchie, soit nous empruntons un tout autre chemin en renouant avec l'implication populaire et les valeurs de justice sociale et d'égalité. Tout compromis n'est pas en soi rejetable. Il n'en reste pas moins que l'heure n'est pas à la compromission mais à l'affrontement. Au moment où le couple Sarkozy/Merkel s'impose à droite et conforte la machine néolibérale, la gauche devrait être à l'offensive, reprendre des couleurs, renouer

---

1. Lire l'ouvrage collectif *Le Programme du Front de gauche et de son candidat commun Jean-Luc Mélenchon*, Librio, 2011.

avec son tranchant pour déjouer un climat idéologique qui asphyxie la pensée et des politiques publiques qui minent la marche du progrès humain.

Que la social-démocratie partout en Europe ait choisi l'austérité laisse un goût amer… Georgios Papandréou en Grèce, José Sócrates au Portugal ou José Luis Zapatero en Espagne n'ont pas tenu tête et, en France, François Hollande s'affiche candidat à donner du « sens à la rigueur », en promettant un « zéro déficit » à court terme. Les Indignés ne s'y retrouvent pas et ils ont raison. Les syndicats défilent contre l'austérité et ils ont raison. L'insatisfaction s'exprime dans les sondages et ailleurs, et nous avons raison d'être inquiets. Mais l'incertitude et le doute ne doivent pas l'emporter sur la détermination et l'action. Une brèche s'est ouverte parce que *leur* système a failli. Il faut s'y engouffrer. Le peuple, c'est la clé pour entrer dans le monde d'après. Pour construire des majorités d'idées, sociales et politiques, à même d'inverser le cours de l'histoire, d'empêcher le repli et la conservation de s'imposer. Et de renouer avec le principe espérance.

REMERCIEMENTS

Un abyssal merci à Catherine Tricot et Roger Martelli, grâce auxquels il m'arrive de penser… Leur aide, leur soutien furent déterminants.

Merci à Jean-Bernard Gallois, sans qui ce livre n'aurait peut-être pas vu le jour… à temps en tout cas…

Merci à Pierre Jacquemain, Jacques Tricot, David Proue, Stéphane Lavignotte, Christophe Aguiton et Razmig Keucheyan pour leur regard, chaleureux et utile.

Comment aurais-je fait sans Mikaël Garnier-Lavalley ? Je l'ignore… Qu'il en soit ici sérieusement remercié.

TABLE

DANS LA MÊME COLLECTION

François Heisbourg, Après Al Qaida. La nouvelle génération du terrorisme, *2009.*

Denis Labayle, Pitié pour les hommes. L'euthanasie : le droit ultime, *2009.*

Jean Birnbaum, Les Maoccidents. Un néoconservatisme à la française, *2009.*

Nicolas Offenstadt, L'Histoire bling-bling. Le retour du roman national, *2009.*

Florence Noiville, J'ai fait HEC et je m'en excuse, *2009.*

Thomas Legrand, Ce n'est rien qu'un président qui nous fait perdre du temps, *2010.*

François Heisbourg, Vainqueurs et vaincus. Lendemains de crise, *2010.*

Sylvestre Huet, L'Imposteur, c'est lui. Réponse à Claude Allègre, *2010.*

Anne-Marie Thiesse, Faire les Français. Quelle identité nationale ?, *2010.*

Martin Hirsch, Pour en finir avec les conflits d'intérêts, *2010.*

Christian Charrière-Bournazel, La Rage sécuritaire. Une dérive française, *2011.*

Martin Hirsch, Sécu : Objectif monde. Le défi universel de la protection sociale, *2011.*

Nicolas Tenzer, La Fin du malheur français ? Un nouveau devoir politique, *2011.*

Élisabeth Weissman, Flics. Chronique d'un désastre annoncé, *2012.*

Pour l'éditeur, le principe est d'utiliser des papiers composés de fibres naturelles, renouvelables, recyclables et fabriquées à partir de bois issus de forêts qui adoptent un système d'aménagement durable.

En outre, l'éditeur attend de ses fournisseurs de papier qu'ils s'inscrivent dans une démarche de certification environnementale reconnue.

*Cet ouvrage a été composé
par Nord Compo à Villeneuve-d'Ascq
et achevé d'imprimer en France
par CPI Firmin-Didot
à Mesnil-sur-l'Estrée (Eure)
pour le compte des Éditions Stock
31, rue de Fleurus, 75006 Paris
en janvier 2012*

Imprimé en France

Dépôt légal : février 2012
N° d'édition : 01 — N° d'impression :
54-07-9951/2